Karl-Reiner Schmidt • Opas Geburtstag

Karl-Reiner Schmidt

Opas Geburtstag

Antworten zum Lockdown

FRIELING

Bibliografische Information der Deutschen Nationalbibliothek
Die Deutsche Nationalbibliothek verzeichnet diese Publikation
in der Deutschen Nationalbibliografie; detaillierte bibliografische Daten sind im Internet über http://dnb.d-nb.de abrufbar

© Frieling-Verlag Berlin
Eine Marke der Frieling & Huffmann GmbH & Co. KG
Rheinstraße 46 · D 12161 Berlin
Telefon: (0 30) 76 69 99-0
www.frieling.de

ISBN (Print) 978-3-8280-3659-8
ISBN (E-Book) 978-3-8280-3659-8
1. Auflage 2021
Bildnachweis: Pixabay
Sämtliche Rechte vorbehalten
Printed in Germany

Inhaltsverzeichnis

Brief an die Leserinnen und Leser

Liebe, sehr geehrte Leserin,
lieber, sehr geehrter Leser,

die Bezeichnung Querdenker hat ja in letzter Zeit sehr gelitten; die Bezeichnung *Klugscheißer* und oder auch *Besserwisser* würde ich genauso zurückweisen. Wer mich so nennt, dem würde ich sagen, Sie haben mein Buch nicht gelesen oder Sie haben möglicherweise Ihr Hirn vor dem Lesen (oder vielleicht ja auch ständig) blockiert; dann kann es – also Ihr Hirn – nicht verstehen, was Sache ist.

Ich habe nicht die Wahrheit mit Löffeln gefressen, ich möchte mit meinem Buch dafür werben, dass man die Aussage, irgendetwas sei alternativlos, einmal unter die Lupe nimmt.

Wenn irgendwo der Begriff *alternativlos* zu hören oder zu lesen ist, dann bemühe ich mich sofort um größere Flexibilität. Ich suche nach den tatsächlich vorhandenen Alternativen, so auch in diesem Buch.

Gedanken kommen,
Gedanken gehen.
Wenn du sie aufschreibst,
bleiben sie stehen;

doch wenn sie gehen,
wer weiß, wohin?
Hab besser nur Gutes
in deinem Sinn.

Wir suchen doch ständig nach der Wahrheit. Wir denken,
wenn alles der Wahrheit entspräche, wenn es keine Mogeleien, keine Betrügereien gäbe, dann wäre die Welt in
Ordnung. Die reine Wahrheit gibt es aber im menschlichen Denken nicht.

Wahrheit

Die reine Wahrheit war absolut klar,

dass unsere Erde 'ne Scheibe war,
dass die Sonne sich um die Erde dreht
und dass diese Erde im Zentrum steht;

dass der Mensch die Krone der Schöpfung sei
und dass jeder Papst völlig fehlerfrei.
Kopernikus ist es dann zu verdanken,
die Wahrheiten kamen durch ihn ins Wanken.

Uns ist heute wiederum absolut klar,
dass alles von damals nur Fantasie war.

Nicht Zentrum, nicht Scheibe,
schau nach bei Google:

die Erde ist eine
nicht ganz runde Kugel.
Und Krone der Schöpfung, dass der Mensch das sei,
das kann man bezweifeln, ich bin so frei!

Ich geh sogar so weit
und sag freiheraus:

Die Welt käm ohne die Menschen
auch sehr gut aus;
und Wahrheit, beweist hier doch mein Gedicht,
die reine Wahrheit, die gibt es nicht.
Einspruch! Reine Wahrheit, Wahrheit pur?
Die gibt es wohl – in der Natur!

In meinen letzten beiden Büchern *blühe deutsches Vaterland* und *All Days for Future* habe ich bereits ausführlich darüber philosophiert, dass wir das Naturgesetz der Polarität erkennen und in der Konsequenz dann in unserem Denken und Handeln etablieren müssen. Ich habe die acht Zielvorgaben der Polarität erklärt und als Konsequenz habe ich geschrieben, wir bräuchten ein Ministerium für Polarität, das allen anderen Ministerien überstellt ist, das jedes Vorhaben der Regierenden auf die Einhaltung der Bedingungen des Naturgesetzes der Polarität überprüft und das dann das jeweilige Vorhaben nur bei Erfüllung bzw. Akzeptanz der Bedingungen dieses Naturgesetzes genehmigt.

Professor Dr. Hermann Häring aus Tübingen hat mir dazu ein Lob ausgesprochen. Er schrieb mir unter anderem:

„Ihre Zusammenfassung mit dem Vorschlag eines Ministeriums für Polarität finde ich im positiven Sinn originell. Gleich, wie man es nennt: Wir brauchen bei der offiziellen Politik endlich eine Instanz, die weiterfragt, zu innerer Distanz bzw. Gelassenheit mahnt und vor Schnellschüssen warnt. Sie muss erkunden, was die Megaprobleme der nächsten Jahrzehnte sein werden, und sie muss Visionen entwickeln, die über den Tellerrand hinausblicken. Wenn darauf nicht mehr Aufmerksamkeit verwendet wird, verflacht unsere Politik zu einem seichten Pragmatismus, der nur noch Macht verwaltet."

Diese Antwort hat mir Mut gemacht, mich weiter zu äußern. Das ist es, was wir in der Politik brauchen. Und was brauchen wir in der Bevölkerung?

Zwei elementare Bedingungen müssen erfüllt werden, damit wir mit weiteren plötzlich auftretenden Problemen fertigwerden und damit wir den Planeten in der Gestalt erhalten, dass unsere Kinder und Enkel sowie weitere Generationen weiterhin darauf leben können.

Das ist es, was Sie in diesem Buch lesen können.

1. Die Pandemie hat deutlich gemacht, dass das Sterben bei uns tabuisiert wird. Bei allen Berichten, Diskussionen, Statistiken usw. ging es nur darum: Es darf keiner sterben. Es zeigte sich eine übergroße Angst vor dem Tod durch Corona. Schön und gut, aber das Leben jedes Einzelnen hat irgendwann sein Ende. Wir haben uns programmiert, dieses natürliche Ende zu ignorieren. Wir sind erschrocken und voller Trauer, wenn der Opa, die Oma stirbt, anstatt dankbar zu sein, dass wir sie haben durften, mit ihnen lachen und vielleicht auch weinen konnten; dass sie uns in unserem Leben begleitet haben.

    Wenn wir nun schon den Tod verhindern bzw. hinauszögern wollen, dann sollten wir auch konsequent sein und jeden Tod, der durch Kriege, durch Waffen jeglicher Art betroffene und oder unschuldige, unbeteiligte Menschen trifft, vermeiden; will sagen: Es wird höchste Zeit, endlich einzusehen, was wir ja lange schon wissen, nämlich dass die immer präziseren Waffen unseren Planeten und damit die Grundlage für die menschliche Existenz auf diesem Planeten vernichten.

Allein die finanziellen Verluste zeigen doch den Irrsinn. Die Bilanz alleine reicht doch eigentlich für die Erkenntnis, dass teure Rohstoffe und intelligentes Ingenieurswissen nicht für die Herstellung von Waffen und die brutale Zerstörung von mühsam und mit viel Liebe aufgebauten Häusern eingesetzt werden darf, sondern dass wir intelligenter vorgehen sollten. Wir müssen über dieses Problem offen diskutieren. Wir dürfen generell, aber besonders angesichts einer auftretenden Pandemie bei aller Sorgfaltspflicht, bei allem Mitgefühl nicht kopflos, angstgelähmt agieren und es als unsere größte Aufgabe ansehen, ohne Rücksicht auf die Gesamtsituation das Leben eines jeden Einzelnen zu erhalten, auch dann, wenn es sichtbar dem Ende zuläuft. Die Natur hat ihre eigenen Gesetze und die gilt es generell zu akzeptieren. Zum Thema Todesstrafe und Polarität habe ich in meinen Büchern bereits ausführlich geschrieben.

2. Frieden und Freiheit gehören untrennbar zusammen, aber wir haben scheinbar den Schlüssel für den Erhalt dieser Einheit verloren. Wir werden keine wirkliche Freiheit und keinen wirklichen Frieden erreichen, solange wir uns am Misstrauen anderer Völkern gegenüber und mit Auslandseinsätzen an Kriegen beteiligen, und sei es aus noch so guter Gesinnung, als Hilfe gedacht. Ohne Frieden werden wir nie wirkliche Freiheit haben, denn die Angst vor dem nächsten Krieg blockiert geschickt unsere Herzen und zwingt uns zu unsinnigen Militärausgaben, die der Gestal-

tung von Freiheit und Wohlstand entgehen.

Albert Einstein hat gesagt: „Wir können die Probleme dieser Welt nicht mit derselben Denkweise lösen, mit der wir sie verursacht haben." Für mich heißt das, wir müssen uns von der Rechthaberei verabschieden – im Umgang miteinander auf allen Ebenen, auch auf der Ebene der Staatsführer. Hier bedeutet das, dass man sich gleichwertig gegenübertritt, dass der eine die Leistung des anderen anerkennt und dass man das Den-anderen-erziehen-Wollen aufgibt. Kurz gesagt: Wir müssen aus der Hierarchie in die Harmonie wechseln.

Wenn ich in meinem Buch die Politik und die Kirchen kritisiere, dann weiß ich, dass auch hier das Gesetz der Polarität gilt; will sagen, dass es nicht nur Negatives, das ich ja anspreche, sondern auch viel Positives in Politik und Kirche gibt. Bei allem sind meine Ausführungen nicht, wie ich schon schrieb, die reine Wahrheit, sondern nur meine Beobachtung, aus der sie entstanden sind.

Und noch eins vorab

Wenn Sie als Leser*in es für alternativlos halten, dass wir alle in der Pandemie die Pflicht haben, FFP2-Masken zu tragen, wenn für Sie die Anordnung von Lockdowns absolut notwendig ist, also alternativlos, dann müssen sie dieses Buch ganz schnell wieder aus der Hand legen. Sollten Sie aber mit Ihrer bisher festen Überzeugung dennoch lesen, dann achten Sie bitte auf Ihren Blutdruck, es kann nämlich sein, dass Sie sich maßlos aufregen. Ich habe Sie hiermit gewarnt.

Sollten Sie aber auch nur ein klein wenig nachdenklich sein und nach den Ergebnissen der bisherigen Vorgehensweise in der Pandemie vielleicht sogar etwas an dieser *Alternativlosigkeit* zweifeln, dann ist der Inhalt dieses Buches genau das Richtige für Sie. Ich beschreibe Alternativen und begründe sie mit den Naturgesetzen der Evolution und der Polarität. Man sagt mir, meine Denkansätze seien nicht nur interessant, sie seien nützlich für kommende Zeiten.

Und ich bin ein wenig stolz, dass meine gegenläufigen, damals angefeindeten Aussagen, die ich im Buch *All Days for Future* niederschrieb, heute von immer mehr Fachleuten für richtig gehalten werden. Über Corona denken, nachdenken und dabei mitfühlen, mit den Betroffenen empfinden, das gehört zusammen. Wie bei allem haben wir stets zwei Seelen in der Brust. Denken alleine kann anstrengend, manchmal langweilig, wenn nicht sogar trocken sein. Gegen die Einsamkeit des Denkens beim Lesen meines Buches habe ich für das Fühlen, für das Empfinden, immer wieder meine passenden Gedichte mit überraschenden Pointen in den Text eingefügt. Viel-

leicht hilft so ein Gedicht auch das eine oder andere Mal
zum besseren Verständnis. Lesen Sie jetzt in diesem Buch
weitere Begründungen für meine These, die Schutzmaßnahmen gegen Corona, die die Politik verordnet hat, sind
kontraproduktiv.

Ich denke, so viel Vorlauf war nötig.

„Reiner, was sagst denn du zu dem Lockdown?"

Im Jahr 1984 ist der Opa in Calw-Hirsau im Schwarzwald gestorben, nicht zu fassen, das ist jetzt schon siebenunddreißig Jahre her. Der Opa war achtundsiebzigeinhalb Jahre alt.

Es gab noch die Mauer, seine beiden Brüder, damals in der DDR, der Erich aus Cottbus und der Gustav aus Forst, waren auch schon verstorben, und von uns konnte damals keiner, ähnlich wie jetzt in Coronazeiten, zur Beerdigung fahren.

Am 19. März, an seinem Geburtstag, können wir den Opa nicht mehr besuchen, aber wir stoßen seit siebenunddreißig Jahren auf ihn an, und in der Erinnerung ist mir immer ganz klar vor Augen, wie mich der Opa bei jedem Besuch gefragt hat: „Reiner, was sagst denn du zu …?" Das waren oft politische Themen, die den Opa interessierten, und er wollte einfach Unterstützung für seine Meinung oder Gegenargumente bekommen.

Wir konnten dann recht gut hin und her diskutieren. Ich hatte damals immer noch die strenge Mahnung aus meiner Kindheit und Jugend in meinem Kopf: „Du bist still, wenn du nicht gefragt wirst"; oder auch: „Du hältst den Mund, bis du gefragt wirst"; und noch schlimmer: „Du bist nichts, du kannst nichts, aus dir wird nie was!" Das kam auch oft bei Kleinigkeiten, zum Beispiel wenn ich beim Putzen einen falschen Lappen genommen hatte. Auch Putzlappen waren damals in der Nachkriegszeit Mangelware, genauso wie Seife; wenn ein Kleidungsstück nach dritter oder vierter Generation nur noch in

Teilstücken gebraucht werden konnte, dann dienten diese Stücke als wertvolle Putzlappen.

Familie und Kindererziehung im Dritten Reich und auch in der Nachkriegszeit sind mit heute nicht vergleichbar. Auf jeden Fall war es in meinem Umfeld so, dass der Vater, wenn denn einer den Krieg überlebt hatte, dafür zuständig war, das nötige Geld für den Familienbedarf zu beschaffen. Die Mutter, als Flüchtling, ohne Waschmaschine, ohne die heute selbstverständlichen Hilfsmittel im Haushalt bis hin zur exzellenten Tütensuppe, die man in Zeitnot einsetzen kann, die Mutter war für die Familie und damit auch für die Erziehung der Kinder verantwortlich. Als wir die Ostfront schon laut hörten, mit dem letzten Lazarettzug mit fünf Kindern auf der Flucht in den Westen, nur weg von den Russen, hatte die Mutter diese Last allein zu tragen. Hinzu kam die Ungewissheit, was wird aus dem Ehemann, dem Vater, an der Ostfront? Das zur Erinnerung bzw. zur Kenntnis.

Erziehung

Ihr wisst ja, man nennt sie Pantoffelhelden,
die haben zu Hause rein gar nichts zu melden;
und auch in der Firma – von früh bis spät –
egal, ob es auf- oder abwärts geht,

da wird gemunkelt, und das ziemlich barsch:
sie bliesen dem Chef den Zucker in ' Arsch.
Auch bei Politikern kann man das sehen,
ja, immer wenn sie auf Wahlkampf gehen,

von früh bis spät, die sind wirklich nicht faul,
sie sagen: sie schauen dem Volk aufs Maul;
das Blaue vom Himmel versprechen sie blind,
und hängen ihr Fähnchen stets in den Wind.

Fragst du: wer hat diese Menschen nur grad' so gemacht,
so, dass man sie hinter dem Rücken belacht?
Erinnere dich, wie ist es als Kind?
Was läuft, wenn die Kinder mal bockig sind?

Da werden sie in die Form gebogen,
man sagt dann dazu: sie werden erzogen.

Also, mir hat es gutgetan, dass der Opa offensichtlich an meinem Denken interessiert war. Ich nannte ihn auch nur dann Opa, wenn unsere Töchter dabei waren, sonst war er für mich immer der Papa. Für mich war es leicht, Papa zu sagen, ich hatte mit dem Start meiner eigenen Familie keinen zweiten Papa dazubekommen, denn bei uns zu Hause hieß der Vater, der sich in meiner Erinnerung stets in sein Arbeitszimmer zurückgezogen hatte, Vati.

Jedes Mal am 19. März, an Opas Geburtstag, erinnere ich mich intensiv an den *Papa;* ich überlege dann: Welche Frage hätte er mir denn heute gestellt. Nun, schon im letzten Jahr, also 2020, konnten wir nicht auf das Grab nach Hirsau fahren. Wir hatten den ersten Lockdown, und die Frage, die ich mir von Papa vorgestellt hatte, war die gleiche wie jetzt im Jahr 2021: „Reiner, was sagst denn du zu dem Lockdown?" Wenn es nicht so ernst wäre, hätte ich dieses Jahr im Spaß gesagt: „Beginnt jetzt bei dir die Demenz? Du hast mir doch im letzten Jahr genau die gleiche Frage gestellt."

Der Opa schenkte uns dann ein Glas Spätburgunder ein, den er sich alle Jahre von seinem Freund Collofong aus Lambrecht bei Neustadt an der Weinstraße kommen ließ. Die Winzerei Collofong mit der Weinstube am Speyerbach, die wir auch manchmal besuchten, gibt es lange nicht mehr, auch die Häuser rechts und links sind abgerissen. Jetzt steht dort ein großes Seniorenheim. Es ändert sich eben alles im Laufe der Zeit; einen Spätburgunder trinken wir aber weiterhin, zumal wenn wir am 19. März an den Opa und auch die Oma denken. Das hat sich bis heute nicht geändert.

Ich erinnere mich, wir müssen unsere Diskussion unterbrechen, die Oma ruft zum Essen; sie hat wieder ganz nebenbei eine ihrer Spezialitäten gezaubert. Ihre Koteletts oder ihre Rouladen und ganz besonders ihre Fleischküchle, die waren immer außergewöhnlich. Auch diese Erinnerung ist bei uns fest verankert. Der Opa war der Fachmann beim Fleischeinkauf. Wenn ich mal dabei war, hatte ich den Eindruck, es gibt mehr Metzgereien als Bäckereien in Calw und Hirsau, und ich hatte den Eindruck, jede Metzgerei war, wenn ich im Laden war, besser als all die anderen. Wenn der Opa Koteletts kaufte, dann mussten sie eine ganz bestimmte Stärke haben. Auch hat er abgelehnt, wenn – wie damals und zum Teil ja noch heute – der Fettrand fehlte. Die Oma verstand es dann, und das ist jetzt nicht nur so dahingesagt, die Koteletts in der richtigen Pfanne mit der richtigen Temperatur, der richtigen Zeitdauer und der richtigen Panade zu braten; angebräunte Buttersoße, mhmm!

Vor einem Jahr, also im Jahr 2020, war ich am 19. März gerade mit der Fertigstellung meines Buches *All Days for Future* beschäftigt, und ich hatte schnell noch, weil ich mir dachte, der Opa hätte sicher gefragt: „Reiner, was sagst denn du zu Corona?", und weil dieses Covid-19 die Welt bewegte, ein Kapitel über Corona eingefügt, das auch sehr zum Kapitel „Medizin und Polarität" passte. Meine Bücher *All Days for Future* und *blühe deutsches Vaterland* sind meine Antwort auf Albert Einsteins Satz „Wir brauchen eine andere Denkweise, um die Probleme zu lösen, die wir uns selbst geschaffen haben". An etlichen Beispielen habe ich gezeigt, dass wir „die Probleme, die wir uns selbst geschaffen haben", lösen können, wenn wir unserem Denken und Handeln das Naturgesetz der Polarität voranstellen. Meine Analyse zeigt, dass Polarität acht Facetten hat, nämlich Kontrast, Ausgewogenheit, Distanz, Verbindung, Begrenzung, Einbettung, Wiederholung und Zusammengehörigkeit.

Ausführlich beschreibe ich den Weg von der Hierarchie in die Harmonie; kurz: die Hierarchie, das System, nach dem wir unser Leben gestalten, ist durch eine Pyramide darstellbar. Es geht immer darum, den eigenen Weg nach oben in die Spitze zu gestalten (oft mit Ellenbogen). Die Harmonie, das System, nach dem wir unser Leben gestalten sollten, ist durch den Globus darstellbar. Es gibt nicht eine Spitze, es gibt immer und bei allem einen Gegenpol, ein konträres, notwendiges, also berechtigtes Gegenüber. Es gibt auf jedem Gebiet, in Politik, Wirtschaft, Religion oder auch in der Ehe und der Familie, diese Polarität. Die eine oder andere Hälfte einer Polarität kann ich mir in keinem Fall ohne die dazugehörige andere Hälfte vorstellen.

Wenn wir keine den Erdball zerstörenden Fremdkörper auf dieser Welt sein wollen, dann müssen wir unser Denken und Handeln von der Hierarchie (Pyramide) in die Harmonie (Globus) überführen und uns globusgerecht verhalten; dann müssen wir die Kontraste im Gleichgewicht halten. Warum ist unser Globus rund? Als Pyramide könnte sich unsere Erde im Weltall nicht evolutionär entwickeln, als Pyramide wäre unsere schöne Erde Weltraumschrott. Diese Überlegung sollte uns die Erkenntnis bringen, dass das Naturgesetz der Polarität generell Grundlage unseres Denkens und Handelns sein muss. Wen das mehr interessiert, der kann davon in den genannten Büchern lesen.

Jetzt aber zurück zu Opas Geburtstag. Heute, im Jahr 2021, würde ich auf Opas Frage „Reiner, was sagst denn du zu dem Lockdown?" zuerst einmal antworten: Was ich vor einem Jahr zum Thema Corona und Medizin schrieb, gilt heute noch ganz genauso. Dass ich den Lockdown, so wie er praktiziert wird, schon damals für falsch hielt und nach wie vor für falsch halte, kann ich heute noch viel besser begründen. Ich frage auch nach der Relation, wenn ich lese, dass die Johns Hopkins University feststellt, dass im letzten Jahr 1,8 Millionen Menschen durch SARS-CoV-2 verstorben sind, während jährlich weltweit rund acht Millionen Menschen, also mehr als das Fünffache, vorzeitig aufgrund der Luftverschmutzung sterben. Woher nimmt unsere Regierung den Mut, der Bevölkerung wegen der Pandemie so viel Angst einzuimpfen und mit dem Lockdown diese immensen Kollateralschäden, die ich hier nicht einzeln auflisten muss, in Kauf zu nehmen?

Ich würde jetzt sagen: Es ist gut für unser Gespräch, wenn ich dir hier aus den beiden Kapiteln meines Buches noch einmal vorlese. Du wirst dich erinnern.

Um darzustellen, dass es sich im Folgenden um Texte vom März 2020 aus dem bereits veröffentlichen Buch handelt, habe ich die entsprechenden Kapitel in diesem Buch kursiv eingefügt. Wenn der kursive Teil endet, geht es mit den Erkenntnissen aus der Zeit mit Corona, Masken und Lockdown weiter.

Medizin und Polarität

Selbstverständlich kann ich als Laie hier keine Richtlinien für die Handhabung der Medizin geben, ich kann aber die Beobachtungen und Erfahrungen niederschreiben, die ich persönlich als Patient im Umgang mit Medizin und Medizinern gemacht habe. Das, was ich dabei als sinnvoll und durchsetzbar empfehle, ist ja auch daraus entstanden, dass ich solche Vorgehensweisen, so einen Umgang mit Patienten, in Einzelfällen positiv erlebt habe.

Die Zusammenfassung aller folgenden Vorschläge steht schon in der Kapitelüberschrift: Polarität in der Medizin. Es ist sinnvoll, nein, es ist absolut erforderlich, dass unser Denken und Handeln nach den Elementen des Naturgesetzes der Polarität auch in der Medizin erfolgt.

Beim Element des Kontrasts sollten wir darauf achten, dass wir die jeweiligen Pole im Ausgleich halten. Das fängt beim Studium an. Beim Studium und später in der niedergelassenen Praxis bzw. im Krankenhaus muss immer auf der einen Seite ein bestimmtes Organ, auf der anderen Seite aber gleichzeitig der ganze Mensch inklusive Psyche behandelt werden. Immer mehr Studien zeigen auf, dass ein hoher Prozentsatz diagnostizierter Krankheiten seinen Ursprung in der Psyche hat.

Ein weiterer Kontrast sollte beobachtet werden, nämlich ob der Patient generell optimistisch oder pessimistisch veranlagt ist, weil auch das, wie ich denke, einen Einfluss auf die Dosierung der Medikamente haben muss und weil es generell den Krankheitsverlauf – ein besseres Wort wäre: den Gesundungsverlauf – beeinflusst. Diejenigen Menschen, die mit der festen, mit der verankerten Überzeugung „Das ist ja sowieso umsonst, ich glaube nicht, dass mir geholfen werden kann" ins Krankenhaus gehen, die sollte man nicht behandeln, sondern nach Hause schicken. Den Platz können andere Patienten dringender brauchen. Ich bin davon überzeugt, dass wer sich innerlich gegen die Hilfe sperrt, tatsächlich auch keine Besserung erfahren wird.

Da ich gerade dabei bin, die Ablehnung von Hilfe zu empfehlen, möchte ich hier einen weiteren Kontrast nennen, nämlich den Kontrast von Leben und Tod, der ja der Schwerpunkt schlechthin in der Medizin ist. Bei der Aufnahme in den ärztlichen Berufsstand gelobt der Arzt, sein Leben in den Dienst der Menschlichkeit zu stellen. Er gelobt, seinen Beruf mit Gewissenhaftigkeit und Würde auszuüben. Die Erhaltung und Wiederherstellung der Gesundheit seiner Patienten soll oberstes Gebot seines Handelns sein. Er wird jedem Menschenleben Ehrfurcht entgegenbringen. Das alles war ja bis vor ein paar Jahrzehnten gar kein Problem. Heute aber, wo wir eine Technik entwickelt haben, mit der wir einen Menschen, der ja eigentlich längst verstorben ist, durch Maschinen am Leben erhalten, bringt dieser Eid den Arzt doch immer wieder in Schwierigkeiten. Der Arzt soll seinen Beruf mit Gewissenhaftigkeit und Würde ausüben; wo aber bleibt die Würde des Menschen, der dank der Technik noch leben muss, obwohl er gar nicht mehr lebt?

Heute würde ich hinzufügen: Es sollte einmal diskutiert werden, ob es für Komapatienten richtig sein könnte, dass man, entsprechend der Entwicklungszeit eines Embryos, generell nach neun Monaten die lebenserhaltenden Maschinen ohne immer wieder die gleichen moralischen Diskussionen und ggf. gerichtlichen Auseinandersetzungen abschalten kann.

Der nächste Kontrast: Der Mediziner allgemein möchte jeden Patienten auf einen Blutdruck von 130 zu 70 und seinen Cho-

lesterinwert auf unter 250 bringen; mit weiteren Medikamenten sollen dann die messbaren Werte in eine Norm gebracht werden, so als würde eine komplizierte Maschine justiert. Das mag ja für eine große Zahl der Patienten richtig sein, wo aber bleibt dabei der Lebenswert des mit individuell unterschiedlicher Befindlichkeit ausgestatteten Menschen? Und wie oft ist der erhöhte Blutdruck psychisch bedingt und – weil zu unterschiedlichen Zeiten mal oben, mal unten – mit Medikamenten gar nicht in den Griff zu bekommen?

Die Masse der Bevölkerung ist heutzutage so programmiert, ja geradezu darauf besessen, älter zu werden. Im Neuen Testament wird wiederholt darauf hingewiesen, „wer sein Leben zu erhalten sucht, der wird es verlieren". Ich stelle die Frage, ist das noch ein Leben, habe ich nicht schon mein Leben verloren, wenn ich nach der Uhr etliche Tabletten nehmen muss, wenn ich mir sämtliche Vergnügen verbiete, überspitzt gesagt: wenn ich mir das Lachen verbiete, weil das alles ja meiner Gesundheit schaden könnte? Dabei ist Lachen doch die beste Medizin.

Warum sollten wir uns nicht wieder mehr der Natur anpassen, in Freude leben, ohne die überzogene Tablettendisziplin, und dann naturgegeben sterben; nicht die letzten Jahre freudlos dahinvegetieren, nur um am Ende ein paar Monate, ggf. auch ein paar Jahre länger, aber gequält auf diesem Planeten zu verweilen?

Wie war doch der nette Witz, wo Emma und Karl nach dem Tod zusammen im Himmel ankommen und sprachlos sind ob der paradiesischen Fülle. Als sie endlich Worte finden, sagt sie: „Ist das nicht herrlich, Karl?", und Karl antwortet: „Das hätten wir schon viel früher haben können, wenn du mir nicht jedes Bier verboten und wenn du nicht ständig und streng diese Tablettenfresserei von mir verlangt hättest."

Der Organismus weiß, wann das Ende des Lebens naht; er fährt dann die einzelnen Funktionen langsam zurück, nimmt zum Beispiel den Appetit, das Trinkbedürfnis. Der alternde Mensch will nicht mehr so viel Umtrieb, will sich weniger bewegen, weniger spazieren gehen, und das ist ja schon ein Abschied vom Leben, wenn der Mensch die Elemente Wasser (trinken), Luft (spazieren gehen) und Bewegung (das Leben schlechthin) ablehnt, bis der Organismus dann langsam das Leben völlig abschaltet.

Wir dagegen stören diesen Ablauf mit Medikamenten, mit der Überwachung des Flüssigkeitsspiegels und dadurch, dass wir nicht loslassen können, dass wir nicht bereit sind, dankbar zu sagen: Das war's. Es ist doch nicht erklärbar, was diese Lebensverlängerung für einen Sinn haben soll; wir schaffen uns damit doch eine Angst vor dem Tod, die uns das Loslassen schwer macht. Letztendlich müssen wir den Tod ja doch akzeptieren. Das Element Ausgewogenheit ist in diesem Kontrast gefragt.

Das Element Begrenzung bedeutet im Fall Medizin ja nicht, dass wir oder ein Arzt unser Leben oder auch das eines Angehörigen begrenzen sollen. Vielmehr ist hier die naturgegebene Begrenzung des Lebens gemeint, und da bin ich wieder bei der künstlichen Lebensverlängerung, die ich eine Sterbeverlängerung nenne.

Beim Element Distanz ist die Polarität weniger offensichtlich, bei näherer Betrachtung aber deutlich erkennbar: Distanz betrifft unser Verhältnis, das wir zur Krankheit entwickelt haben. Wir lehnen Krankheit ab, wollen Krankheit so schnell wie möglich beenden. Dabei sollten wir jede Krankheit doch dankend annehmen. Sie sollte uns zu folgenden Fragen führen: Wieso bin gerade ich krank, wieso gerade jetzt, was ist falsch gelaufen, das zur Krankheit geführt hat, was muss ich ändern in meinem täglichen Ablauf, an welcher Stelle muss ich mich gedanklich, ggf. charakterlich verbessern usw. Auf jeden Fall sollten wir wieder lernen, die Krankheit als eine hilfreiche, sinnvolle Steuerung unseres Lebens zu erkennen, und nicht als den bösen Feind, der uns zerstören will.

Ich glaube, wenn wir uns wieder mehr in diese Richtung bewegen, werden wir auch wieder sensibler und erkennen rechtzeitig, das heißt im Anfangsstadium einer Krankheit, dass wir unsere Lebensrichtung ändern sollten. Und ich weiß sehr wohl, dass es auch diese Lebensläufe gibt, bei denen man auf seine Fragen keine Antworten bekommt, insbesondere auf diese: Was um Himmels willen ist der Sinn, dass ausgerechnet ich mit dieser Krankheit belastet werde?

Einigen in deinem Umfeld sollen vielleicht die Augen geöffnet werden, damit sie Mitgefühl und Hilfsbereitschaft entwickeln und damit sie für sich selbst erkennen, dass sie genug Grund haben, dankbar und zufrieden zu sein. Vielleicht bist du ja auch in einem früheren Leben mit dieser Situation in deiner Umgebung nicht genügend mitmenschlich umgegangen und du sollst selbst dadurch einen weiteren Teil der breiten Palette des Lebens kennenlernen. Keiner weiß, was in der nächsten Dimension nach dem Tod auf uns zukommt. Vielleicht ist es Belohnung für dein Dulden in dieser Welt.

Und jetzt wieder von der Hierarchie zur Harmonie. Wie wäre es, wenn wir darauf hinarbeiten würden, jede Arztpraxis mit einer Doppelspitze für jeden Patienten zu versehen. Der eine Arzt wäre dann für den Körper, der andere für die Psyche zuständig, und beide könnten sich hervorragend ergänzen.

Danke, Sokrates!

Sokrates mit viel Verstand
war im ganzen Land bekannt;
und er war ja auch nicht schlecht,
wurde seinem Ruf gerecht.

Er studierte und studierte,
bis er dann doch resignierte;
sein Seufzer, der die Welt erreichte,
klang schuldbewusst, wie eine Beichte:

„Ich weiß, dass ich nichts weiß!“

Dem Sokrates nehm'n wir 's nicht krumm.
Wie gehn wir mit dem Satz heut um?
In weiten Kreisen – nicht bloß örtlich –
nehmen Patienten den Spruch wörtlich.

Bei Krankheit und Gesundheitsfragen
woll'n sie Verantwortung nicht tragen;
sie machen tief mit Überzeugung
vorm Onkel Doktor die Verbeugung.

Und mancher Arzt hat nichts dagegen.
Macht ihn der Sokrates verlegen?
Er lässt die Selbstkritik vermissen,
ist überzeugt, dass all sein Wissen

ist nachgeforscht und ganz empirisch
bewiesen, und zwar ernsthaft tierisch.
Er sieht den Menschen als Maschine,
der Arztbesuch wird zur Routine,

und an Organe, wo man kann,
da schließt er die Maschinen an.
Bei Blutdruck und Cholesterin
gibt's nur Tabletten, fragt man ihn.

Er schreibt Rezepte in Latein
und will von dir den Krankenschein.
So kann der Arzt sich selbst bedienen,
mit deinem Kranksein Geld verdienen.

Ist das okay? Hier trügt der Schein.
Der Mensch lebt nicht vom Brot allein!
Zu jedem Körper, wie du weißt,
schuf Gott die Seele und den Geist.

Er fügt' es staunenswert zusamm'n,
entwickelte dazu 's Programm
für Herzschlag, Atmung und den Darm,
für Nerven, Schmerz als den Alarm,

für jedes einzelne Organ. –
Er ließ dann alles simultan
im Hintergrund, dass du nichts merkst
und doch von Tag zu Tag dich stärkst.

Und bist du krank,
dann, Gott sei Dank,
mit ganz besonderen Routinen
kann sich dein Körper dann bedienen.

Man wundert sich, wie er das schafft,
man nennt es die Selbstheilungskraft.
Der Körper kennt's, der Geist sich ziert,
weil man dem Arzt glaubt, der studiert.

Du bist blockiert, hast kein Vertrauen
in dich, du kannst nicht in dich schauen,
wo man doch weiß – und nicht erst jetzt,
dass Glaube manchen Berg versetzt.

Betreuung

Ihr könnt es mir glauben, ich würde mich freuen,
müsste mich später mal keiner betreuen;
und wenn ich im Alter – immer noch fit –
bekäme auch jedwede Neuerung mit.

Das neueste Handy wär mir kein Problem,
das Einkaufen mit dem Computer bequem;
Adresse „mein Kaufhaus" mit „WWW",
am Ende dann immer noch Punkt und „de".

Recorder bedienen, dazu allemal
Videotexte, und das digital;
ich könnte mir selber die Schuhe binden
und würde alleine nach Hause finden.

Ich bräuchte nicht diesen Pflegeheimschwindel:
ans Bett gefesselt, Dreitagewindel.
Ich würde mit andern auf Reisen gehn;
ganz einfach gesagt: Das Leben wär schön.

Doch weiß ich, was das Leben für Wege nimmt?
Mein Schicksal wird ja woanders bestimmt.
Und wenn es dann doch, wie bisher schon oft,
ganz anders dann kommt, als ich es erhofft,

dann werde ich – etwas bitter vielleicht
und traurig – dazu sagen: schade!
Gott werde ich inständig bitten um Gnade
und mich bemühen, nur dankbar zu sein.

Dankbar für meine Vergangenheit;
und dankbar auch für die letzte Zeit.

Dankbar für Pfleger, die nicht resignieren,
die auch mal gegen den Chef opponieren;

dass alte Menschen – hier auf Erden –
auch „artgerecht gehalten" werden.

Nun aber zum Kapitel „Corona und Polarität", das ich zu Beginn des ersten Lockdowns im März 2020 geschrieben habe. Es bestätigte sich, dass sich meine gegenläufige, „voreilige" Einschätzung zur Vorgehensweise der Politik nach und nach als richtig herausstellt.

Corona und Polarität

Jedes Problem ist lösbar, habe ich geschrieben, wenn wir das Naturgesetz der Polarität zur Grundlage unseres Denkens und Handelns machen. Wie kann diese Behauptung denn nun angesichts des aktuellen Problems, des Coronavirus SARS-CoV-2, bestehen?

Vorsicht, meine Gedanken in diesem Kapitel sind wieder extrem, und wie bei jeder von mir vorgeschlagenen Problemlösung gibt es aus der heutigen allgemein verbreiteten Sicht, also aus dem derzeitigen Denken heraus, berechtigte Einwände. Aber lesen Sie doch erst einmal.

Meine Beobachtung sagt mir, mit noch so viel Geld, mit der Vervielfachung der Intensivbetten, mit der Verstärkung des medizinischen Personals, mit allem, was man sich an Unterstützung denken kann, schaffen wir uns neue Probleme. Wir können das Coronaproblem, das in erster Linie ein naturgegebenes und damit auch ein menschliches ist, mit den jetzigen Methoden nicht zufriedenstellend lösen.

Zunächst aber noch eine Erfahrung: Wenn wir bei der Inangriffnahme eines weiteren Problems feststellen, dass mehr als die Hälfte der Lösung bereits vorhanden ist, erleben wir die starke Verzahnung der verschiedensten Probleme miteinander. Die Verzahnung erkennt man zwischen Rente und Altersarmut, Rüstungsetat und Auslandseinsätzen, Politik und extremen Parteien, Medizin und Wirtschaft sowie Globalisierung. Diese Verzahnungen zeigen uns, dass überall die gleiche Gesetzmäßigkeit gilt. Wenn ich an einer Problemlösung arbeite, dann stelle ich immer wieder fest, dass mir Teillösungen von Problemen völlig anderer Natur bereits zur Hilfe angeboten werden. Das zeigt die Harmonie, die spürbar wird, wenn wir bei allen Lebensaufgaben und ihren Lösungsversuchen das Naturgesetz der Polarität mit seinen Elementen zur Grundlage unseres Denkens und Handelns machen.

Und jetzt kommen die Beweise zu meiner Behauptung.

Sie erinnern sich, wenn Sie mein Buch bis hierher gelesen haben. Im Kapitel „Globalisierung und Patriotismus" habe ich geschrieben:

Das Element Begrenzung sollte beim Thema Globalisierung auch eine Selbstverständlichkeit sein. Es ist klar bzw. es sollte klar sein, dass die Artikel, die bei uns erzeugt werden können, auch bei uns erzeugt werden. Wir müssen, soweit es möglich ist, selbständig bleiben bzw. wieder selbständig werden. Der Abhängigkeit von fernen Ländern bei lebensnotwendigen Artikeln muss massiv gegengesteuert werden, und wir müssen die weiten, umweltschädlichen Transportwege wieder erheblich verkürzen; besser ist es, sie ganz zu vermeiden. Wir müssen beim „Outsourcen" auch den Aspekt der Begrenzung beachten. Das Argument der ggf. etwas niedrigeren Kosten darf bei keinem der lebensnotwendigen Artikel eine Rolle spielen.

Diese Sätze habe ich geschrieben, als noch keine Rede vom Coronavirus war, als man das Wort noch gar nicht kannte. Mir ging es damals darum, dass die Angst vor der Globalisierung durch mehr Sicherheit im Lande geringer werden und das Vertrauen in die Regierung wachsen könnte.

Hätten wir also bisher schon nach den Regeln der Polarität gelebt, also auch regiert, dann hätte es nicht in diesem brutalen Ausmaß Engpässe und Lieferschwierigkeiten bei Schutzkleidung für Mediziner und Pflegekräfte sowie bei den Atemschutzmasken gegeben.

Jetzt füge ich hinzu: dann hätte es den Vertrauensverlust in die Tätigkeit der Parteien wegen der Bereicherungsvorgänge einzelner Politiker bei der Maskenbeschaffung nicht gegeben.

Den nächsten Beweis für die Richtigkeit meiner Theorie für den Fall Coronavirus habe ich in dem Kapitel „Medizin und Polarität" gegeben.

Bei dem Bemühen, das Problem Coronavirus zu lösen, sollten Wissenschaft und Politik m. E. die Schwerpunkte anders setzen. Das schreibe ich als Laie, und das ist ja auch wieder sehr überheblich, aber dazu bitte meine Begründung: Ich schrieb im Kapitel „Medizin und Polarität", der Organismus weiß, wann das Ende des Lebens naht; er fährt dann die einzelnen Funktionen langsam zurück, nimmt zum Beispiel den Appetit, das Trinkbedürfnis.

Wir dagegen stören diesen Ablauf mit Medikamenten, mit der Überwachung des Flüssigkeitsspiegels und dadurch, dass wir nicht loslassen können, dass wir nicht bereit sind, dankbar zu sagen: Das war's. Es ist doch nicht erklärbar, was diese Lebensverlängerung für einen Sinn haben soll; wir schaffen uns damit doch eine Angst vor dem Tod, die uns das Loslassen schwer macht. Letztendlich müssen wir den Tod ja doch akzeptieren. Das Element Ausgewogenheit ist in diesem Kontrast gefragt.

Ich sehe hier auch eine Verbindung zu meinem Kapitel „Religion und Polarität". Als die Kirche die Menschen noch voll im Griff hatte, als man Himmel und Hölle für die Zeit nach dem Tod reserviert hatte, war der Tod für den gläubigen Menschen die Erlösung von der Erdenqual. Er konnte sich „in Frieden in die Hand Gottes" begeben und sich auf das Himmelreich freu-

en. Das wäre eine große Hilfe in der Coronakrise gewesen. Aber das ist uns doch durch die Erkenntnis genommen. Wir wissen heute, dass Himmel und Hölle uns zu Lebzeiten zur Verfügung stehen; wir verfügen mit unserem Denken darüber, ob wir zufrieden oder unzufrieden und damit glücklich oder unglücklich sind, ob uns jeder Tag von neuem eine Höllenqual oder ein freudiges Gestalten bedeutet. Und bei uns liegt die Entscheidung, ob wir uns weiterhin gegen die Natur wenden oder aktiv Naturschutz betreiben.

Und wir entscheiden auch bzw. die Angehörigen entscheiden, ob wir zu Hause sterben dürfen, in der gewohnten Atmosphäre, begleitet von den uns bis zum Schluss betreuenden, mit uns denkenden und mit uns fühlenden Menschen, oder ob wir in Panik von gespenstisch gekleideten Personen mit dem Notarztwagen abgeholt werden, unsere Liebsten nicht mehr zu Gesicht bekommen und dann doch sterben, weil eben unsere Zeit abgelaufen ist. Vielleicht denkt der Sterbende auf seinem Weg ins Jenseits ja auch: Diesen Intensivplatz hätte man besser für einen jüngeren Patienten nutzen können. Wenn ein Senior oder eine Seniorin mit Corona infiziert ist, dann sind es die sie Betreuenden doch wahrscheinlich auch. Es kann also nicht der Grund sein, dass man diese Personen vor einer Ansteckung bewahren will und deshalb den sterbenden Menschen aus seiner Umgebung reißt. Für mich heißt es hier wieder: Die Würde des Menschen ist unantastbar. Wir bekennen uns zu unserem Grundgesetz, das bedeutet doch, wir sollten jedem Menschenleben Ehrfurcht entgegenbringen. Das heißt, auch im Tod, der zum Leben als Abschluss dazugehört, dürfen wir uns nicht über die Natur hinwegsetzen und versuchen, den Tod zu verhindern. Die Angst vor dem Tod ist doch m. E. die Ursache dafür, dass so viele alte Menschen heutzutage im Krankenhaus sterben.

Wenn ich hier meine Meinung äußere, dann werde ich gefragt, ob ich dafür wäre, eine Altersgrenze bei der medizinischen Betreuung einzuführen. Das ist der größte Unsinn, den ich im Zusammenhang mit diesem Thema gehört habe. Selbstverständlich ist die fürsorgliche medizinische Betreuung bis ins höchste Alter unsere Pflicht. Ich habe nur vom Sterben und von den Bemühungen geschrieben, das Sterben auch da zu verhindern, wo das Leben offensichtlich am Ende ist.

Senioren

Drei Stufen auf einmal, mit großem Schwung,
für alles und jedes Begeisterung,
das war einmal – heut möchte ich wetten:
nix mit drei Stufen ... drei Tabletten!

Ach, mit dem Altwerden geht das so weiter,
der Scheitel am Kopf wird immer breiter;
man geht zum Massieren und zum Kneten,
man kauft sich Matratzen mit Magneten,

es fällt einem schwer, muss man sich bücken,
und immer wieder schmerzt der Rücken.
Wer morgens aufwacht ohne Schmerz,
der muss sich ernsthaft fragen,

ob nicht vielleicht sein gutes Herz
hat aufgehört zu schlagen.
Der Rentner oder Pensionär,
der denkt, wie schön das Leben wär,

wenn da nicht die Wehwehchen wären,
die sich von Tag zu Tag vermehren.
Und manchen Tags, wie das so ist,
da bin ich richtig Pessimist.

Am nächsten Tag sag ich dann froh:
Es geht doch heute vielen so;
wer sich an die Wehwehchen klammert,
von früh bis spät darüber jammert,

der wird mit seinem ganzen Wimmern
sein kleines Elend nur verschlimmern.
Ein langes Leben gibt's auf Erden
nur, wenn wir täglich älter werden.

Doch älter werden – sind wir ehrlich –
ist manchen Tages sehr beschwerlich.
Und wenn wir richtig überlegen,
sind Zipperlein doch gar nichts gegen

Herzinfarkt oder Schlaganfall,
Krebs aller Art und Verkehrsunfall;
der eine stirbt schon, bevor er geboren,
der andre kommt völlig ungeschoren

bis hoch ins Alter durch sein Leben.
… so ist das eben!
Bin ich gestorben, könnt ihr sehn,
wird das auf meinem Grabstein stehn:

Ich hab zu früh ins Gras gebissen;
bald wird mich keiner mehr vermissen.
Bedenk die Mahnung, die ich gebe:

Genieße deine Tage, lebe!

Die Natur hat das Virus hervorgebracht und ihm zum einen die Aufgabe gestellt, die Weltbevölkerung zu begrenzen. Zum anderen ist es die Aufgabe dieses Virus, die Menschheit im Gesamten zu Einhalt zu mahnen. Das Virus soll uns deutlich machen, dass die Natur über dem Menschen steht. Dabei ist die Natur so gnädig, dass sie zunächst einmal überwiegend die Älteren, die keine lebensnotwendige Aufgabe für die Gemeinschaft mehr haben, die ja ihr Leben gelebt haben, kassiert.

Wenn ich akzeptiere, dass die Natur, speziell in diesem Fall, über Leben und Tod bestimmt, dann hat das keine Ähnlichkeit mit der Praxis im Dritten Reich, wo Menschen sich das Recht herausgenommen haben, darüber zu entscheiden, was unwertes Leben sei, das man töten könne und dann auch getötet hat. In dem von mir besprochenen Problem Coronavirus entscheidet die Natur, wie sonst ja auch, über Leben und Tod.

Viele Jahre war die Lebenserwartung der Frauen um ca. sechseinhalb Jahre höher als die der Männer. Meine Erklärung: Für die Frauen, die nicht schlagartig einen Rentenbeginn, sondern weiterhin ihre Aufgaben hatten, zum Beispiel Familie versorgen mit allem, was dazugehört, ggf. Grabpflege, Enkelbetreuung usw., hat sich nichts geändert. Die Männer, die ihre Aufgabe, den Beruf, mit Rentenbeginn verlieren und die auch kein sie ausfüllendes Hobby mehr haben, richten sich, sicher unbewusst, schneller auf das Ableben ein.

Meine Überzeugung ist, dass eine Aufgabe das Immunsystem des Menschen stärkt und damit das Leben stabilisiert. Diese Aufgabe kann ja auch darin bestehen, dass ich vieles oder auch nur einiges von dem, wozu ich in meiner Berufsphase keine Zeit hatte, endlich anpacken kann.

Die durchschnittliche Lebenserwartung in Deutschland lag im Jahr 1960 bei siebzig Jahren und ist bis zum Jahr 2016 auf über achtzig Jahre gestiegen. Auch dieses Mehr und das Nochmehr, immer noch älter werden, wird sicher nicht so weitergehen. Es ist ja auch zu fragen, ob das überhaupt sinnvoll ist und was wir mit der gewonnenen Zeit dann anfangen wollen oder können. So wird die durchschnittliche Lebenserwartung zwischendurch auch einmal wieder etwas (nur etwas) zurückgehen dürfen.

Die begnadeten sehr alten Menschen und die „zu früh" gestorbenen werde ich jetzt einmal aus der Statistik herausnehmen, dann bin ich bei einer Zeitspanne zwischen sechzig und neunzig Jahren, und das bedeutet doch, dass wir Panik vermeiden können, wenn wir dieses Wissen in unsere Coronastatistik einordnen. Sollte es der Forschung auch diesmal wieder gelingen, einen Impfstoff zu entwickeln, der das Virus vernichtet, dann wird die Natur sehr schnell eine neue, noch kräftigere Art erschaffen, die die gestellte Aufgabe übernimmt. Die Natur wird der Forschung immer ein paar Schritte voraus sein. Die Forschung wird der Natur immer nur hinterherlaufen.

Wir müssen das Virus als „Mitbewohner" unseres (was heißt denn hier „unseres", der Planet gehört uns doch nicht) Planeten akzeptieren, das heißt, wir sollten im eigenen Interesse genauso wie im Interesse unserer Mitmenschen die Empfehlungen, zum Beispiel regelmäßiges Händewaschen, auf Abstand achten, nicht in die Gegend husten und niesen, einhalten; auch Massenzusammenkünfte wie Fußballspiele oder große Festveranstaltungen sollten wir vorübergehend aussetzen. Wir sollten unser Immunsystem intakt halten und stabilisieren. Und wir sollten unseren Körper nicht dadurch schwächen und für das Virus aufnahmefähig machen, dass wir uns in Angst und Panik versetzen. Die gesunde Angst, die zur Vorsicht erzieht, ist okay. Die übertriebene Angst, die zu Panik und beispielsweise zu Hamsterkäufen, Betriebsstillegungen und Ähnlichem führt, die ist nicht okay.

Irgendwann wird die Ausgangssperre wieder aufgegeben werden, die Kontaktabstände werden zwangsläufig wieder kleiner, das Virus wird aber immer noch vorhanden sein, und wir werden uns auch wieder gegenseitig anstecken, womöglich wird es dann erneut einen Stillstand der Zivilisation mit all den Begleitproblemen geben. (Was heute jedermann erkennt, erlebt, die zweite, dritte Welle, war mir von Anfang an klar.) Daraus ergibt sich, dass also nur ein starkes Immunsystem jedes einzelnen Bürgers in der sogenannten Herdenimmunität gegen das Coronavirus helfen kann.

Ich schrieb, die Schwerpunkte sollten anders gesetzt werden. Damit meine ich, dass sich Forschung, Medizin und Politik zu sehr auf die Minderheiten und zu wenig auf die Mehrheiten konzentrieren. Die Mehrheit wird mit „Hausarrest", Firmenstilllegungen, mit neuen Problemen wie Schwermut, Aggressionen, Suiziden usw. konfrontiert. Auch wenn die sozialen Kontakte mit digitaler Technik vielfältig unterstützt werden, wird die Mehrheit doch nicht nur von der Pandemie, von dem Virus, sondern auch von sich selbst ferngehalten.

Hier sehe ich den Fehler. Die Mehrheit der Bevölkerung sollte das Virus akzeptieren, sein Immunsystem mithilfe von Forschung und Politik stärken und dann die Kraft entwickeln, die den Erkrankten direkt helfen kann, so dass in sehr vielen Fällen gar kein Krankenhausaufenthalt notwendig ist, weil da, wo das Leben am Ende ist, nicht mit Gewalt ein kurzer Aufschub bis zur Demenz oder bis zum Krebsleiden erzwungen wird, da aber, wo die Natur das Weiterleben akzeptiert, Immunität entwickelt wird. Wenn wir unser Immunsystem derart stärken, dass das Virus uns nichts anhaben kann, dann verhalten wir uns nach dem Prinzip der Evolution, bei dem immer der Stärkere, der sich anpassen kann, die Überlebenschance hat.

Die Existenz des Coronavirus sollte uns bewusst machen, dass unser Leben jederzeit, von einem Moment auf den anderen, beendet sein kann, und das wiederum sollte uns dazu veranlassen, unsere täglichen Lebensabläufe so zu gestalten, dass unser Leben einen Inhalt hat und wir uns nicht in Angst vor dem Tod befinden, in der Angst, noch nicht genug gelebt zu haben. Die Lebenserfahrung zeigt doch, dass die Idee „Das mache ich, wenn ich in Rente bin" nicht funktioniert.

Ich will jeden Tag so leben, dass ich dankbar und zufrieden auf das Geschehene zurückschauen kann. Um zufrieden sein zu können, muss ich erst einmal mich selbst so akzeptieren, wie ich bin, und ich muss die Welt so nehmen, wie sie ist. Nach einem so gelebten Leben fällt der Abschied aus dieser wunderschönen Welt mit den von den Menschen und ihrem Egoismus oft schlecht gestalteten Gegebenheiten nicht mehr so schwer.

Das Coronavirus sollte uns aber auch veranlassen, ein paar Grundregeln unserem Leben wieder bewusst zu machen. Bei der Bekämpfung des Coronavirus denke ich auch an das Gebot „Du sollst nicht töten!". Nutzen wir die Chance, unser Denken zu korrigieren? Werden wir Erfolg haben, wenn wir das Virus so oft wie möglich töten?

Gott sei Dank setzt sich die Erkenntnis durch, dass Antibiotika nicht das richtige Mittel sind, Gesundheits- oder Landwirtschaftsprobleme zu lösen. Das Wort Antibiotika – „anti bio" im Sinne von „gegen das Leben" – sagt ja schon alles. So sehe ich hier auch den Fehler in der Hierarchie begründet; ich, der Mensch, die Krone der Schöpfung, darf leben, du, das Virus, der Störenfried, wirst getötet. Außerdem: Wie viel Geld geben *wir aus für die Vernichtung des Virus, für die Forschung, dann für die Erzeugung von Medikamenten, dann für die Impfaktionen, dann für die Wiederholungen usw.? Geld, das wir für die Erhaltung und Verstärkung unseres Immunsystems einsetzen könnten.*

Und noch ein Gedanke, der auch in das Kapitel „Religion und Polarität" passen würde. Wenn die Kirche endlich ihr erstes Gebot updaten und eine genauere Übersetzung akzeptieren würde, fände sie wieder mehr Akzeptanz. Bisher heißt es: Ich bin der Herr, dein Gott, du sollst nicht andre Götter haben neben mir. Die heute richtige Übersetzung könnte ich mir wie folgt vorstellen: Als Gott, der Schöpfer des Universums, habe ich dich, Mensch, nach meinem Bilde geschaffen, und zu meinem Helfer gemacht. Achte, beschütze und pflege die Natur, mein Meisterwerk. Sei ehrfürchtig vor der Schöpfung. Dieser Auftrag ist dir angemessen, und damit leicht zu erfüllen. Nimm diesen Auftrag zu deiner und zu meiner Freude wahr, und es wird dir wohlergehen und du wirst lange in Frieden leben. Dies ist das wichtigste Ziel für dich. Du sollst nicht andere Ziele diesem Ziel voranstellen. Nicht Macht, nicht Besitz, nicht Geld, nicht Eitelkeit, oder sonst irgendetwas.

Wenn die Natur uns immer wieder beweist, dass sie stärker ist als alle Forschung und auch als alles Geld auf dieser Welt, dann kommt mir der Kampf gegen das Virus vor wie der Auslandseinsatz unserer Soldaten und Soldatinnen in Afghanistan (nämlich vergeblich).

Corona

Am Anfang schuf Gott der Herr Himmel und Erde,
es steht geschrieben:
In sechs Tagen war die Erde komplett.
Und alles war gut.

Der Mensch fand sein Glück auf dem Rücken der Pferde,
ganz nach Belieben,
und irgendwann lag er dement im Bett.
Das war nicht gut.

Und er dachte: Was hab ich hier noch zu suchen,
es muss was geschehen;
ich werde die Reise, die letzte, jetzt buchen.
Das war der Plan.

Er wusste als gläubiger Mensch, wie das geht,
auch ohne zur Kirche zu gehen,
sprach still für sich dieses kurze Gebet.
Das tat ihm gut.

„Herrgott, zeig meinen Pflegern und Pflegerinnen,
wozu ich nicht mehr in der Lage bin;
zeig meine Dankbarkeit tief in mir drinnen
und nimm jetzt doch bitte mein Leben hin.

Lass die Betreuer Nützlicheres tun
und lass mich in Deinem Frieden jetzt ruhn.
Ich dank Dir für meine früheren Zeiten,
lass meine Erben sich bitte nicht streiten;

und wenn ihnen doch irgendetwas nicht passt,
dann lass sie erkennen: Auch sie sind nur Gast
hier auf Erden, und irgendwann werden
sie ganz genauso dastehn – oder -liegen –

und sie können noch immer den Krebs nicht besiegen,
oder es schwindet ihnen die Existenz
und sie dämmern dahin in ihrer Demenz.
Keiner weiß, wie sein Leben zu Ende geht,

Herrgott, verbindende Kraft in der Polarität
zwischen Leben und Tod,
erlöse mich bitte aus meiner Not.

Danke, Amen.“

Er wusste, der Herrgott, der denkt an mich,
ich war ihm doch treu bis zum Schluss,
der lässt mich am Ende jetzt nicht im Stich.
Ich weiß, dass ich warten muss.

Der Herrgott dachte, der Mann hat recht,
und das bedeutet: Ich muss!
Sein Leben, das ist ja nun wirklich schlecht.
Ich muss, ich muss da was tun.

In dem Labor mit vielen Töpfen
macht er sich sofort an das Schöpfen.
Mal bunt, mal blass.
Das Schöpfen dauert nicht sehr lange,

er holt mit dieser langen Zange
aus dem Gebräu in dem Labor
das Virus Corona hervor.
Was soll denn das?

Das Virus macht sich auf die Reise,
vermehrt sich schnell auf seine Weise,
geht stracks in die Seniorenheime,
verbreitet da die Todeskeime.
Das ist kein Spaß.

Die Menschen machen sich jetzt Sorgen,
wie viele sterben dann wohl morgen
und übermorgen dann wie viel?
Wann ist Corona wohl am Ziel?
Ich werd verrückt.

Die Menschheit ist sehr aufgeregt,
das Leben wird jetzt stillgelegt.
Die Schöpfung Mensch verliert die Krone,
sie weiß nicht, leider, wie geht's ohne?
Ich bin entzückt,

denn ganz allmählich wird ihr klar,
dass es zu viel des Guten war,
und der Beweis, mach keine Witze,
der Mensch ist wirklich nicht die Spitze.

Sieht er es ein?
Er ist nicht größer als Natur;
keine Minute zeigt die Uhr
bis zwölf, es eilt!

Wenn ihr noch weiterhin verweilt
und nicht den Klimawandel seht,
ist es ganz plötzlich
nur zu spät!

Mit Wachstum, mehr, noch mehr Prozent,
kriegen wir nie ein Happy End.
Corona zeigt uns, wie es geht:
Ja, wie?

Wenn unser Mehr zurückgedreht
und wenn wir uns in Demut beugen,
könn'n wir Corona überzeugen.
Das geht!

Wenn wir das Grundgesetz verändern,
„Die Würde des Menschen …" in allen Ländern
ändern in: „Die Würde der Natur …",
dann wär'n wir auf der richt'gen Spur.

Wie wahr, wie klar.

Corona und die Elemente der Polarität

Nun auch beim Thema Coronavirus die Begründung für die Notwendigkeit, dass die Leitlinien des Naturgesetzes der Polarität mit seinen Elementen - Kontrast und Ausgewogenheit, Distanz und Verbindung, Begrenzung und Einbettung, Wiederholung und Zusammengehörigkeit – Grundlage bei den Lösungsbemühungen sein müssen. Überall, auf allen Ebenen, in jeder Situation können wir Kontrast beobachten, und wir sollten uns stets bemühen, die erkannten Kontraste im Ausgleich zu halten.

Mit der Bekämpfung bzw. Vernichtung des Coronavirus haben wir einen nicht gewollten Kontrast in der Verbindung Mensch–Natur geschaffen, obwohl doch der Mensch ein Teil der Natur ist. Das Virus ist ein Schritt in der Evolution, es ist gewissermaßen die Sprache der Natur an uns Menschen, die uns veranlassen soll, Fragen zu stellen – und Antworten zu finden. Ich stelle mir vor, dass das Virus für den Menschen unwichtig wird, wenn wir seine Sprache verstanden und unser Leben umgestaltet haben.

Dann gibt es den Kontrast gesund–krank. Wer wird krank, was können wir tun, dass dieser kleine Personenkreis klein bleibt? Wie können wir den sehr großen Teil der Bevölkerung gesund erhalten, wie können wir Panik vermeiden?

Den nächsten Kontrast finden wir zwischen denen, die verstorben, und denen, die gesundet sind. Auch daraus können wir lernen.

Im Element Ausgewogenheit haben Übertreibung und auch Vernachlässigung nichts verloren. Ausgewogenheit mahnt uns, die Gewichtung zu normalisieren; das heißt, wir dürfen nicht mit extremem Schwerpunkt alles der Pandemie unter-

ordnen. Wir müssen in Politik und Wirtschaft auch den großen Rest der Bevölkerung im Auge behalten, weil wir uns sonst noch viel größere Probleme einhandeln. Klar ausgedrückt bedeutet das, dass ich die Ausgangssperren und die Betriebsschließungen für falsch halte. In allem, was wir unternehmen oder auch unterlassen, müssen wir uns immer vor Augen halten, was sagt die Natur dazu? Da stellen sich einige Fragen, zum Beispiel: Ist es natürlich, dass Kinder in der Wohnung eingesperrt werden, dass sie nicht mehr ihre Spielkameraden treffen dürfen? Man spricht ja schon von den Kollateralschäden.

Zur Ausgewogenheit gehört auch, dass wir das medizinische Personal, egal auf welcher Ebene, nicht „auspowern". Wir müssen uns immer die Frage stellen, wer pflegt und behandelt die Kranken, wenn das dafür zuständige Personal erschöpft im Krankenstand weilt? Und es gehört dazu, dass wir nicht die Wirtschaft lahmlegen dürfen, weil uns die Einnahmen aus derselben erst die Grundlage dafür schaffen, dass wir uns ein so komfortables Gesundheitssystem leisten können.

Das nächste Element ist die Distanz, zum Beispiel: Wie weit geht der Weg der das Leben begleitenden, normalen Angst und wo beginnt die Panik? Wann ist Distanz zum Kranken notwendig und sinnvoll, wann erschwert sie den Gesundungsprozess? Wie groß ist unsere Distanz zum Tod, der doch zum Leben als Abschluss gehört; sollten wir hier die Angst, die zu der erkennbaren Panik geführt hat, verringern?

Dann das Element Verbindung: Dürfen wir die Verbindung zwischen dem Sterbenden und seinen Angehörigen zerreißen? Ist die totale Isolierung wirklich der richtige Weg? Wie gehen wir mit der Verbindung zwischen der Viruserkrankung und dem gewohnten Leben um?

Bei der Begrenzung sind wir ja auf dem richtigen, wenn auch m. E. übertriebenen Weg. Wir müssen die Ausbreitung des Virus begrenzen. Wir sollten uns aber auch fragen, können wir durch eine Begrenzung unserer Fernreisen dazu beitragen, dass die Übertragung eines solchen Virus weniger häufig stattfindet?

Die Einbettung, also die Voraussetzung und das Ziel, bildet ein weiteres Element. Ist der Mensch für die Entstehung des Virus mitverantwortlich? Ist es nicht komplett die Sache der Natur? Wie viel Geist steckt in so einem Virus? Ist diese Frage vollkommener Blödsinn oder ist sie berechtigt? Menschen, die an die Homöopathie glauben und von der Wirksamkeit extrem verdünnter Wirkstoffe in den Tropfen oder Globuli überzeugt sind, können diese Frage vielleicht verstehen. Wenn ich darüber staune, dass in der winzigen menschlichen Samenzelle und in der dazu passenden Eizelle das gesamte Programm des daraus entstehenden Menschen gespeichert ist, die Farbe der Augen, die Form der Nase, all die einzelnen Bausteine, die dann erst später erkennbar sind, dann kann ich mir sogar vorstellen, dass so ein Virus ganz bewusst seinen Auftrag erfüllen will, den es von der Natur erhalten hat; dann kann ich mir auch vorstellen, dass der Mensch, die Menschheit, das Entstehen eines solchen Virus provoziert hat und dass unser Verhalten, unser Umgang mit der Natur, die Ursache dafür ist, dass wir heute dieses Virus unter uns haben. Ohne dass wir uns dessen bewusst sind, haben wir dann möglicherweise die Voraussetzung gegeben.

Das Ziel können wir uns dann ja auch gut vorstellen. Das Ziel wäre dann, dass wir aufwachen, dass wir uns den sofortigen Stopp im Klimawandel vor allem anderen endlich zur allerwichtigsten Aufgabe machen, dass wir endlich unser Reden von der sozialen Gerechtigkeit in Taten umsetzen usw. Vieles von dem, was nötig wäre, habe ich in den vorangestellten Kapiteln beschrieben.

Das nächste Element ist die Wiederholung. Wir kennen das aus der biblischen Geschichte. Die Menschheit stand immer wieder durch eigenes Fehlverhalten vor dem Abgrund und hat nur selten auf ihre Propheten gehört. Es kam dann die Katastrophe, zum Beispiel die Sintflut oder Sodom und Gomorra, oder es gab eine Umkehr und die Katastrophe wurde noch einmal zurückgestellt.

Zum Thema Wiederholung passt auch die folgende kurze Notiz aus der Tageszeitung: „Es sind Jahreszahlen, die sich scheinbar auf erstaunliche Weise gleichen: Im Jahr 1720 die Pest, 1820 die Cholera, 1920 die Spanische Grippe – und nun 2020 das Coronavirus. Wird die Welt alle 100 Jahre von einer Pandemie heimgesucht?"

Aus den bisherigen bekannten Wiederholungen können wir, wenn wir denn dazu bereit sind, sehr viel für unser zukünftiges Verhalten, für unser zukünftiges Leben lernen. Handlungsbedarf sehe ich einmal im sozialen Umgang der Menschen miteinander; das betrifft das Thema arm–reich, nicht nur im eigenen Land, sondern weltweit, aber dann geradezu noch wichtiger den Umgang mit der Natur. Der Egoismus der Erdausbeutung führt doch zu den Wiederholungen der Klimakatastrophen, der Wirbelstürme, der Hochwasser mit den Überschwemmungen, der Feuersbrünste usw. in immer kürzerer Folge.

Das letzte Element der Polarität ist nun die Zusammengehörigkeit. „Weil du arm bist, musst du früher sterben." Wir gehören alle, Arm und Reich, zusammen, und es darf nicht sein, dass der eine, weil er genug oder zu viel Geld hat, für sich zum Beispiel den Krankenhausaufenthalt oder die medizinische Sonderbehandlung beansprucht und auch bekommt. So wie wir alle am wirtschaftlichen Aufbau und Erhalt unserer Gemeinschaft beteiligt sind, müssen wir auch in Krisenzeiten zusammengehören; wir alle, jeder Einzelne, müssen uns solidarisch verhalten.

Das war also meine Antwort auf Papas Frage, die ich ihm am 19. März 2020 zugedacht hatte, zu Beginn des ersten Lockdowns. „Danke, dass du mir so lange so geduldig zugehört hast, Papa", müsste ich wohl sagen, wenn es noch die Möglichkeit gäbe, das Gespräch wie früher zu führen. So muss ich eben ohne Unterbrechungen, ohne Gegenstimme, wie die ganzen letzten Jahre schon, weitermachen.

Natürlich haben wir die Sektkorken auch wieder knallen und in Nachbars Garten fliegen lassen, aber jetzt war ich irritiert. Ich hatte den Eindruck, vom Opa käme die gleiche und jetzt erweiterte Frage wie vor einem Jahr: „Reiner, was sagst du zu dem immer wieder verlängerten Lockdown? Und wieso steigen die Zahlen trotz aller Einschränkungen?" – „Papa, ich sage das Gleiche wie letztes Jahr, aber ich kann meine Begründungen für meine Ablehnung der Coronapolitik inzwischen besser erklären."

Ich denke, die Politik und die sie beratende Wissenschaft befinden sich mitten in einem Teufelskreis, bei dem sich die Katze immer wieder in den Schwanz beißt. Erste Welle, Lockdown; zweite Welle, Lockdown; dritte Welle, Lockdown; und wird es mit der vierten und fünften Welle so weitergehen? Das wird durch das Impfen wohl endlich immer schwächer. Ich denke aber, generell sind wir von der ersten bis zur dritten Welle auf dem falschen Weg gewesen.

Wir müssen einmal einen gewaltigen Hüpfer machen und uns aus dem Zentrum dieses Teufelskreises in eine Ruheposition außerhalb des Kreises bewegen. Ich denke, dann könnte es möglich sein, dieses *Problem* realistisch von außen als noch nicht Beteiligte bzw. Betroffene zu betrachten. Es gehört Mut dazu. Den Mut habe ich, aber auch meine Vorschläge sind keine endgültige Wahrheit; sie sind nur aus dem Bemühen entstanden, die richtige Lösung zu finden.

Wenn wir nun nach diesem Hüpfer aus dem Teufelskreis dastehen, dann haben wir ja noch keine Lösung, die gilt es jetzt zu erstellen. Und es fängt mit Fragen an:

- Was war an der Politik der bisherigen Pandemiebekämpfung gut und richtig?
- Was war weniger gut?
- Was war falsch?
- Was hat gefehlt?
- Welche grundsätzlichen Gedanken sind hilfreich?

Ich fange mal mit der letzten Frage an. Welche grundsätzlichen Gedanken sind hilfreich? Meines Erachtens hat generell die Einsicht gefehlt, dass es sich beim Auftauchen von SARS-CoV-2 um einen Schritt in der Evolution handelt, der uns einen neuen Mitbewohner auf unserem Planeten beschert hat. Wir wissen, bei der Evolution gilt das Gesetz des Stärkeren; derjenige, der sich anpassen kann, überlebt. Aber bedeutet das Sich-Anpassen, Lockdowns und FFP2-Masken tragen?

Zwischendurch eine Frage an dich, Papa: „Weißt du, wie viel Sternlein stehen an dem großen Himmelszelt?" Papa sagt: „Was hat denn das jetzt mit dem Problem Corona zu tun?"

Ich will damit auf etwas sehr Grundsätzliches hinweisen. Der unendliche Kosmos mit den tatsächlich unzählbaren Milchstraßen, Sonnensystemen, Planeten und dem auf der anderen Seite dazugehörenden Mikrokosmos, das ist alles so gewaltig, ehrfurchteinflößend, dass wir – auch die Wissenschaft – vermuten müssen, es gibt hier eine Kraft, die um einiges größer ist als der Mensch. Die Menschen haben sich, weil sie diese Kraft vermuten, dazu ihre Götter bzw. ihren Gott geschaffen, die oder den sie sich irgendwo *im Himmel* vorstellen.

Diese Schöpferkraft ist aber nicht nur außerhalb vorhanden; die wenigsten Menschen wissen, dass sie einen erheblichen Teil dieser Schöpferkraft in sich tragen. Die wenigen aber, die es wissen, jedenfalls etliche, bilden sich ein, der Mensch sei die Krone der Schöpfung und könne damit auch alles beherrschen. In der Praxis beherrscht uns aber letztendlich die Evolution. Und da sind wir beim größten Fehler, den wir in der Pandemie machen: Lockdown.

Der gewaltige Hüpfer, wie ich es nannte, besteht in der Erkenntnis, dass wir – die Menschen – nicht die Krone der Schöpfung sind; die Herrscher, die alles im Griff haben, weil sie ja angeblich, scheinbar sogar offensichtlich, schlauer sind als alles andere auf der Welt. Wo bleibt unsere Hochachtung, nur als Beispiel, vor der Intelligenz der Insekten und in unserem speziellen Fall vor der Intelligenz der Coronaviren, die – wenn sie in ihrer bestehenden Form ihrem Auftrag, die Überbevölkerung zu kontrollieren, nicht gerecht werden können – mutieren und sich stärker machen?

Wenn der Mensch nicht *die Krone der Schöpfung* ist, dann muss es doch eine andere Krone geben. Nun, die Menschen haben sich, wie ich schrieb, aus Mangel an Vorstellungskraft dafür Götter oder einen Gott geschaffen, der zum besseren Verständnis menschliche Züge hat. Aber selbst mit diesem Gott gehen sie nicht pfleglich um, und sie missachten seine Gesetze, die sie doch selbst für uns aufgestellt haben.

Zum Thema *Krone der Schöpfung* noch ein Gedicht:

Der Herrgott, der Teufel und ich

Neulich, ich musste mit Timo Gassi gehen,
der Hund stand still, und auch ich blieb stehen.
Wir sahen diesen herrlichen Regenbogen …
als dann noch zwei schneeweiße Tauben flogen,

da fiel mir das alte Bibelwort ein,
wo Gott Noah sagte: „So soll es sein!"
(Gleich nach der Sintflut ist das gewesen,
im ersten Buch Mose könnt ihr es lesen.)

„Solange die Erde steht, soll nicht aufhörn
Saat und Ernte, Frost und Hitze,
Sommer und Winter, Tag und Nacht." –
Im Hintergrund hat der Teufel gelacht.

Er schenkte sich von dem herrlichen Wein
sein Glas bis zum Rand voll noch einmal ein.
Er trank das Glas leer, er sagt' nicht „Zum Wohl",
er sprach etwas von dem anderen Pol,

und er sprach:

„Solange die Erde steht, soll nicht aufhörn
in so mancher Gestalt Hass und Gewalt,
weit und breit Krieg und Leid
und ohne Schranken böse Gedanken,

mehr als genug Lug und Trug
und auf dieser Welt die Gier nach mehr Geld. –
Jetzt war ich aus meinen Träumen geweckt;
das ewig Bekannte hat mich dennoch erschreckt.

Ich dachte:

Wie sind wir oft stolz auf unsern Verstand
und gehn dabei willig dem Teufel zur Hand.

Immer wieder wird mir in Gesprächen, wenn ich meine gefestigte Position zum Thema Lockdown vertrete, vorgeworfen, ich sei ein Verschwörungstheoretiker, ein Querdenker. Meine Antwort: Die Politiker, all die Menschen, die uns erzählen, ein Lockdown sei in so einer Pandemie alternativlos, die halte ich für Verschwörungspraktiker. In unserer Welt, in unserem Leben gibt es nirgendwo Alternativlosigkeit.

Alternativlosigkeit hat immer etwas Einseitiges, und Einseitigkeit gibt es nicht in der Polarität, der Basis für die Existenz des Kosmos. Außerdem bin ich kein Querdenker, ich bin ein Geradeausdenker. Der klare Menschenverstand führt immer viel schneller zu einem positiven Ergebnis als angstgefüllte, unüberlegte Hektik. Im Umgang mit solchen Problemen brauchen wir nicht nur neue Schlagworte, wir brauchen auch eine klare Sprache, die auch die ganz normalen Bürger verstehen.

Hier passt vielleicht mein Gedicht aus dem Jahre 2019. Damals hatte man noch keinen blassen Schimmer von Corona, von dieser Pandemie. Aber auch damals schon hat man gemerkt, dass sehr vieles in unserem Leben, in unserer Politik, in unserer Wirtschaft nicht so läuft, wie man es sich gerne vorstellt.

Ich ...
3. September 2019

bin inzwischen schon recht alt,
achtzig Jahre sind längst vorbei,
jetzt steht dahinten schon die Drei.

Ja, der Rest meines Lebens ist nur noch kurz.
Ich weiß nicht, wann ich den letzten Furz
oder den letzten schlauen Gedanken
ins Weltall schicke, wo's keine Schranken

und auch keine Möglichkeit für mich gibt
zu korrigieren, weil's nicht beliebt.
Na, vielleicht sind ja auch meine Thesen
der Weltweisheit letzter Schluss gewesen.

Aber so überheblich will ich nicht sein,
ich weiß, ich bin im Vergleich so klein,
so klein wie ein Sandkorn am Ostseestrand
oder auch irgendwo anders im Land.

Und doch will ich weiter in meinem Leben
da, wo es nötig scheint, Kontra geben;
doch die Erfahrung zeigt: Wer viel und schnell
meckert, wird abgestempelt als Rebell.

Ich akzeptiere ja, dass die Alten
ihr Gespräch übers Wetter und Krankheit gestalten;
aber „Nach mir die Sintflut" ist nichts für mich,
das wär Egoismus, nicht förderlich.

Kritik trage ich nicht als Gegner vor,
ich gehör doch zu euch in den gleichen Chor.
Ich will nicht meckern mit meiner Kritik,
ich hab bloß öfter den besseren Blick …

Das jedenfalls, das bild ich mir ein;
ich will auf keinen Fall Gegner sein,
nur zeigen, wie's – wie ich denke – besser geht,
nicht solo, sondern mit Solidarität.

Meine Sorge beim Erkennen der Erdzerstörung habe ich schon immer in kurzen oder auch längeren Gedichten ausgedrückt. So auch nach Tschernobyl, 1986, damals war die Maßeinheit für die Radioaktivität noch Rem bzw. Millirem, deswegen ist mein Gedicht von damals nicht ganz auf dem neuesten Stand.

Tschernobyl

Zu seiner Emma sagt der Willi:
I hab an Durscht, bring mir a Milli.

Früher hat ihr das nichts ausgemacht,
da hat sie ihm die Milch gebracht,

doch heut stöhnt sie: Was gib i dem?
I hab doch nur noch Millirem.

Die Tatsache, dass heutzutage bei vielen Menschen in der
Prioritätenliste an erster Stelle Geld steht, hat zu dem folgenden Spruch geführt.

Zur Geburt

Der Pessimist hadert:
„Die Welt geht verloren."
Der Optimist freut sich:
„Ein Kind ist geboren!"

Und ich sage dazu:

„Solange sie nicht das Risiko scheuen
und Eltern auf ihre Kinder sich freuen,
solange die Liebe noch mehr zählt als Geld,
so lange gibt's Hoffnung für unsere Welt!"

Seit ca. 30 Jahren wird bei uns verstärkt über den Klimawandel geredet; über die sich daraus entwickelnden unfassbaren Gefahren und auch darüber, dass das Leben von Menschen auf diesem Planeten – wenn wir weiterhin so massiv gegen die Natur arbeiten – nicht mehr möglich sein könnte. Das Wortspiel: Es werde und Es war einmal, also Start und Ende habe ich immer wieder im Kopf gehabt, bis dann endlich im Jahr 2006 das folgende Gedicht geschrieben war.

Es werde!

Mit dem gewaltigen Machtwort „Es werde!"
schuf unser Herrgott Himmel und Erde.

„… und die Erde war wüst und leer."

Gott dachte bei sich: „Das gefällt mir noch nicht",
und dann kam das bekannte „Es werde Licht!";

„und Gott sah, dass es gut war".

Dann trennte er Wasser vom festen Land,
am Meeresufer schuf er den Strand;

„und Gott sah, dass es gut war".

Er schuf die Fische, die Vögel, die ganzen
vielen, so vielen verschiedenen Pflanzen;

„und Gott sah, dass es gut war".

Dann schuf er an Land unzählige Tiere,
alle reinrassig (die hatten Papiere!),
und Gott sah zufrieden, was er geschaffen,
und es war auch okay – bis zu den Affen.

Dann meinte er freudig, dass er muss
noch etwas Besonderes schöpfen zum Schluss.
Er schuf den Menschen, und er fand,
so 'n Mensch, der braucht doch für alles Verstand.

Er sieht entsetzt, was seine Menschen machen,
und ihm vergeht bei dem Schreck das Lachen.
Er schimpfte wütend, er wurde ganz laut:
„Jetzt hab ich mein prächtiges Image versaut.

Alles war da; und im Überfluss!
Und jetzt macht der Mensch aus Gier damit Schluss.
Seit diese Menschen auf meiner Welt,
zählt Friede nicht mehr, es zählt nur noch Geld!

Sie produzieren die Treibhausgase
und bringen die Gletscher zum Schmelzen.
Sie roden brutal ganze Regenwälder,
genmanipulieren riesige Felder.

Sie bauen Waffen im Overkill,
Atommüll, man weiß nicht, wohin!"
Ich mache mir meine Gedanken
über Gott und die Welt.

Wer setzt dieser Menschheit die Schranken?
Ich frage mich ernsthaft: Wie hält
dieser Gott das nur aus, die Gewalt und die Brutalität,
mit der es tagtäglich so weitergeht?

Ich wundere mich, dass die Erde noch steht;
sich, wie immer auch, dreht.
Fängt, während wir hier gedankenlos feiern,
unser Globus im Weltall schon jetzt an zu eiern?

Ob es nun langsam geht oder schnell,
jetzt wird es noch jeden Tag richtig hell;
stellt sich nicht mancher schon ernsthaft die Frage:
Sind das womöglich für uns letzte Tage?

Wenn, dann verabschiedet sich unsere Erde,
und aus dem göttlichen Machtwort „Es werde!"
wird dann nach grausamer Höllenqual
ganz schlicht und einfach:
Es war einmal …

PS: Doch ein paar schlaue Füchse,
        die sagen: „Das war's!",
        und sie steigen ins Raumschiff,
        und sie fliegen zum Mars.

Wenn ich beobachte und darüber nachdenke, wie die Menschheit mit dem so wertvollen Planeten umgeht, dann erinnere ich mich immer wieder an unseren Mathelehrer, der wiederholt geseufzt hat: „Der eine lernt's nie, der andere noch später." Dazu die beiden folgenden Gedichte:

Ihr kennt ihn

Ich hatte gedacht, ich mach mich beliebt;
erzählte ihm, was es im Baumarkt gibt,
denn er hat nie viel Geld, der arme Tropf,
und jetzt bräucht er ein neues Brett vorm Kopf.

Ich sagte: Es gibt Edelholz aus den Anden,
doch da sei achtsam, das kommt dir abhanden.
Nimm doch ein Brett, das nicht so edel,
das passt auch viel besser vor deinen Schädel.

Für ihn stand fest, er wollt es erneuern,
das alte mit trüben Gedanken verfeuern.

Vorm Spiegel hat ihn das neue Brett erst empört,
doch schon sehr bald hat es ihn überhaupt nicht gestört.

Im Laufe der Zeit

Das Sprichwort war klar,
dass es jeder versteht:
Der Mensch denkt und Gott lenkt.

Dann hat ein Scherzbold
daran gedreht:
Der Mensch dachte, und Gott lachte.

Heut muss man fragen,
wie mir scheint:
Wenn der Mensch handelt, ob Gott weint?

Ob Gott weint? Mein Vater war Pastor in der Methodistenkirche, und so wurde ich streng – sogenannt christlich – erzogen. Und obwohl ich schon sehr bald Probleme darin sah, dass die Kirche ihren Gott immer so menschlich, quasi als Supermensch darstellt, konnte ich es die ersten Jahre nicht verstehen, dass der Opa immer gesagt hat, er brauche keine Kirche, für ihn ist der Gott in seinem geliebten Wald, in seinem Schwarzwald zugegen. Seine Fragen kamen also nie aus dem Bereich Religion oder Kirche. Seine Fragen wären in unserer Zeit, davon bin ich fest überzeugt, Corona und Lockdown gewesen, und meine Antworten dazu, so wie ich jetzt weiter ausführe.

Zwei Naturgesetze sind die Grundlage für meine Behauptung, dass ein Lockdown, wann auch immer, der falsche Weg ist. Es ist einmal das Naturgesetz der Polarität und dann das Naturgesetz der Evolution.

1. Das Naturgesetz der Polarität

Am Anfang dieses Buches habe ich die Kapitel „Medizin und Polarität" und „Corona und Polarität" aus meinem Buch *All Days for Future* eingefügt. Darin habe ich bereits die Hinweise beschrieben, die uns das Naturgesetz der Polarität zeigt und die uns vor Augen führen, wie wir mit Corona umgehen sollen. Ich muss hier nicht ausführlich wiederholen, ich kann kurz zusammenfassen.

Zum Kontrast: Wir können uns wie bisher vor dem Virus zurückziehen mit Quarantäne und Isolation, wir können aber auch Mensch bleiben und das Virus als einen neuen Mitbewohner des Planeten akzeptieren, ihm frontal entgegentreten und durch die Akzeptanz schneller eine Herdenimmunität erreichen. Das Thema Impfgegner hätte sich erledigt.

Ich sehe nicht die beklagte fehlende Solidarität bei den Impfgegnern. Ist der Mut, sich der Ansteckungsgefahr auszusetzen und dadurch zu einer schnelleren Herdenimmunität beizutragen, nicht auch ein ganz gehöriger Teil Solidarität?

Die Ausgewogenheit wird mit dem Lockdown nicht gewährleistet. Auf der einen Seite der Relation gibt es immer noch wenige Kranke, auf der anderen Seite eine enorme Zahl in ihrem Leben, in ihrer Existenz eingeschränkte Gesunde.

Distanz und Verbindung: Die Distanz, die wir zu Krankheit entwickelt haben, ist das eine; die Distanz, die durch Quarantäne und Isolation gegeben ist, ist würdelos, oft brutal, wenn Krankheit dann zum Tod führt. Die Verbindung zwischen gesunden und kranken Menschen muss erhalten werden. Hier gilt das Element Zusammengehörigkeit des Polaritätsgesetzes.

Es herrscht die Meinung, die Überzeugung oder sogar die Gewissheit, dass durch Quarantäne und Lockdown weniger, erheblich weniger Menschen mit Corona sterben. Die Leser*innen werden mir vorwerfen, ich sei herzlos, wenn ich Quarantäne und Lockdown ablehne. Sie haben ja recht, aber ich sehe das Problem nicht auf der menschlichen, sondern auf der naturgegebenen Ebene, und da zählen die Naturgesetze der Polarität und der Evolution. Diese Gesetze sind die Voraussetzung für den Fortbestand des Planeten, für die Lebensmöglichkeit unserer Kinder und Enkelkinder.

Mal ganz ehrlich: Wenn wir nur annähernd so viel Energie und Einsatz wie derzeit gegen Corona auch gegen den Klimawandel, der ein Vielfaches an Todesopfern verlangen wird, und wenn wir auch nur annähernd so viel Energie gegen die Kriegsmaschinerie einsetzen würden, die ja auch unzählige Todesopfer fordert, dann stände Corona in einer ganz anderen Relation.

Begrenzung: Es ist richtig, dass wir, wo immer möglich, die Chance nutzen, die Ausbreitung der Krankheit zu begrenzen; zum Beispiel durch weniger Auslandsreisen, durch geringere Teilnehmerzahlen bei Massenveranstaltungen, durch Home-Office, da wo es sich anbietet und ohne neue Komplikationen möglich ist. Wir müssen aber auch unsere Maßnahmen zur Einschränkung der persönlichen Freiheit begrenzen.
Die Wiederholung erleben wir jetzt mit der Ankündigung der vierten Welle. Wiederholung ist Teil der Polarität. Wir

kennen das doch von der regelmäßig wiederkehrenden Grippewelle, neuerdings Coronawelle; es wird auch in der Zukunft Wiederholungen geben und sehr wahrscheinlich mit neuen Mutanten. Das ist Evolution.

2. Das Naturgesetz der Evolution

Wir sollten dankbar sein, dass die Natur uns diese Warnung, dieses Virus schickt, dass sie uns zeigt, sie ist auf unserem Planeten noch voll funktionstüchtig und steuert jetzt gegen; wirkt einer Menschheit entgegen, die sich trotz angeblich hoher Intelligenz durch die Ausbeutung dieses Planeten ihre Lebensgrundlagen zerstört. Noch haben wir den Planeten nicht völlig kaputt gemacht, wir können ihn uns noch erhalten, wenn wir endlich kapieren, und das muss jetzt sein, dass der Mensch die Natur nicht rücksichtslos ausbeuten kann, nach dem Motto, das völlig falsch verstanden wurde und weiterhin falsch verstanden wird, „Macht euch die Erde untertan". Auch hier ist das notwendige Update der Religionsgrundlagen sichtbar. Es gilt zu verstehen, dass der Mensch nicht die Krone der Schöpfung ist, sondern nur ein mit Verantwortung ausgestattetes Teilchen im Gesamtkonzept des Kosmos. Wir können den Esel, dem wir unsere Lasten aufbürden, der die Grundlagen für unsere Existenz geduldig trägt, nicht so lange hetzen und schlagen, bis er zusammenbricht. Wer wird denn dann unsere Lasten tragen? Wie wollen, wie können wir denn dann leben?

„Macht euch die Erde untertan!" (1. Mose 1,28)

Das Klima bei uns wird immer wärmer,
die Armen bei uns wer'n immer ärmer,
und die immer noch reicheren Reichen,
die woll'n sich jetzt heimlich vom Acker schleichen.

Sie haben jetzt endlich schmerzlich erkannt,
ohne die Armen geht nichts hier im Land.
Ja, und da gab es noch diesen Zeitungsbericht,
wir verlören komplett unsere Mittelschicht.

Der Arbeitsstress ging immer noch weiter,
bald gab es fast nur noch Leiharbeiter,
dann eskalierte alles dermaßen,
Millionenproteste auf allen Straßen;

jetzt dachten die Reichen, mit Superraketen
finden sie schnell einen neuen Planeten.
Am Weltraumbahnhof wollten sie starten,
doch der Chefingenieur ließ sie etwas warten;

er sagt' mit Bedauern, es tue ihm leid,
für kleine Probleme bräucht er etwas Zeit.
Doch die Zeit verrinnt;
während mancher spinnt,

schimpft ein andrer: „Die Scheißraketen!",
andre erinnern sich jetzt ans Beten,
doch der Herrgott sagt: Schluss mit Geduld,
ihr wisst doch genau, ihr seid selber schuld.

Energie, -sparen, Klima, -wandel etc. etc.

Seit jeher, das gibt es in allen Epochen,
wird Wählern das Blaue vom Himmel versprochen.
Das, obwohl die Versprecher ganz genau wissen:
das Blau am Himmel will keiner vermissen.

Nur gut, dass sie dann später die Schwüre nicht halten,
so kann der Himmel sein Blau doch behalten.
Das Blau am Himmel soll bleiben, wo's ist,
sonst wächst das Ozonloch, und das wäre Mist.

Politiker aller Couleur, die finden es prima,
ihr neues Wahlkampfthema: das Klima.
… Und nicht nur bei uns, … rund um die Welt!
… und jetzt gibt's für Klimaschutz sogar Geld.

Konferenzen und viel Bla-bla,
ja, recht viel Prominenz ist da.
Man muss ja zugeben, dass sich was tut,
und mir gefällt auch der Kanzlerin Mut.

Wenn sie sich treffen beim „Dabbel-ju" (double u = w),[1]
er hört ihr bei diesem Thema auch zu.
Doch weil auf den eingefahrenen Schienen
So viele am Klimawandel verdienen,

mit Regenwaldroden und Umweltverschmutzen,
besteht die Gefahr: 's wird alles nichts nutzen.
Und wenn wieder mal alles im Nichts verpufft,
frei nach dem Motto: nur heiße Luft,

---

[1] George W. Bush, der 43. Präsident der USA

und wenn sich dann auch nicht ein kleiner Rest
von der heißen Luft noch recyceln lässt,
dann war doch alles in höchster Vollendung
nichts anderes als: Energieverschwendung.

Klimawandel

Die Spatzen pfeifen es vom Dach,
nicht nur bei uns, - in allen Ländern,
wird jetzt die Menschheit langsam wach:
das Klima wird sich ändern.

Und neulich war in der Zeitung zu lesen:
Täglich sterben 300 Arten.
Das sind verdammt viel in einem ganzen
Monat verschiedene Tiere und Pflanzen.

Und das sei wissenschaftlich geschätzt.
Vielleicht haben ja Panikmacher gehetzt,
doch wer wird es schreiben, und wer wird es lesen,
wenn dann der Mensch eine der Arten gewesen?

Neulich stand auch in der Zeitung der Satz,
fettgedruckt, Überschrift:

Rettet den Spatz!

Ja, was in dem Artikel dann noch alles stand,
das alte Sprichwort vom Spatz in der Hand,
Kakteen soll man im Sommer nicht gießen,
und mit Kanonen auf Spatzen nicht schießen.

Es ist ja schön, wenn die Zeitung wirbt,
wir soll'n alles tun, dass der Spatz nicht stirbt,
doch wenn wir Weizen in Sprit verkehren,
und damit den Hunger der Welt vermehren,

hat's da für solche Probleme noch Platz,
und hilft uns bei diesem Problem der Spatz?
Man lästert oft über das Spatzenhirn.
Was haben wir mehr hinter unserer Stirn?

Bei allem Ernst, den das Thema Klimawandel verlangt,
möchte ich doch nicht in Traurigkeit oder gar in Resigna-
tion versinken. Nehmen Sie mir es nicht übel, wenn ich
zwischendurch (bei aller Verzweiflung) immer mal wieder albern daher komme.

Klimawandel – 2

Mit Schlagworten werden wir eingelullt,
es gäbe zu viel von dem CO-2,
und das trüge beim Klimawandel die Schuld,
und Regenwald-roden sei auch noch dabei.

Wir soll'n wo es geht, viel Energie sparen,
wir sollen auch weniger Auto fahren,
s'gibt Bio-Diesel zum Tanken,
man kommt auf absurde Gedanken.

Was kann man da tun?, fragt der kleine Mann,
der Erde geht d'Luft aus, so sagt man.
Wer macht denn die vielen kleinen Löcher
in unsere Erdenhaut, noch und nöcher?

ganz raffiniert mit viel Geschick,
egale weg, immer klick, klick ... klick, klick,
das diskutiert im Fernseh'n kein Talker,
ich weiß, wer das ist: die Nordic Walker!

Klimawandel - 3

Das Klima ändert sich auf Erden
es soll ja bei uns viel wärmer werden.
Zuerst hab' ich mir noch Sorgen gemacht,
doch dann hab' ich mir etwas ausgedacht.

Ich fing zuerst an, so am Zaun entlang,
dann hab' ich, - mein Grundstück, das liegt ja am Hang –
den ganzen Garten voll platt gemacht.
Schön blöd hat mein lieber Nachbar gelacht.

Er lacht noch immer, wenn ich mein'n Weinberg spritze.
Doch wenn ich auf meiner Terrasse sitze,
und trotzdem freundlich hinüber winke,
vom eigenen Rotwein ein Gläschen trinke,

was willst du von Deinem Nachbarn verlangen,
da ist ihm dann doch das Lachen vergangen.

Das Virus ist eine Weiterentwicklung in der Evolution. Die Evolution ist Bewegung, Veränderung und Fortschritt. Stillstand ist in der Evolution nicht vorgesehen! Lockdown ist aber Stillstand, jedenfalls in ungezählten Bereichen.

Albert Einstein sagte: „Wir sind Energiewesen." Es ist ja wohl klar, dass Energie schlecht mit Stillstand vereinbar ist. Evolution ist Fortschritt. Dabei müssen wir aber erkennen, dass es sich dabei nicht ausschließlich um den Fortschritt in unserem Sinne handelt, immer mehr Technik, immer mehr Produktion, immer mehr Gewinn, sondern dass es um den Fortschritt der Natur geht. Und schon sind wir wieder beim Thema Naturschutz und Klimawandel. Ein Lockdown bremst uns ja auch in unserem Bemühen, hier endlich auf den richtigen Weg zu kommen. Kurz: Lockdown ist kontraproduktiv.

Volles Verständnis habe ich dafür, besser gesagt: Es ist absolut richtig, dass die Mediziner, die Virologen, das Robert-Koch-Institut usw., deren Aufgabe es ist, gegen die Ausbreitung des Virus zu arbeiten, ihren Fokus ganz scharf auf das Problem richten und uns ihre Sorgen mitteilen. Es ist auch richtig, dass sich die Politik den wissenschaftlichen Rat einholt.

Von der Politik erwarte ich aber, dass sie dieses neu entstandene Problem in die Gesamtheit aller Probleme einordnet, und ich sehe das große gemeinschaftliche Versagen darin, dass Corona zum Problem Nummer eins gemacht wurde, das alle anderen Probleme verdrängt – etwa das gravierende Problem Klimawandel oder die Schere zwischen Arm und Reich. In der Folge wurden mit dem Lockdown, mit der *leicht-fertigen* Schuldenaufnahme unzählige Existenzen zerstört und damit etliche neue Probleme generiert. Als man noch nicht wusste, ob und wann ein Impfstoff verfügbar sein würde, schuf man planlos Blockaden und nahm erst einmal enorme Schulden auf. Wenn diese neuen Schulden dafür eingesetzt worden wären, der Bevölkerung Mittel zur Stärkung des Immunsystems zu geben, wie viel früher hätten wir wohl die Herdenimmunität erreicht?

Wir müssen bedenken, dass auch die Wissenschaft aus ihrem speziellen Blickwinkel nur einen eingeschränkten Blick auf das jeweilige zu beurteilende Problem hat. Es ist, als würde die Wissenschaft den Mond von der Erde aus betrachten, hier präzise jedes Detail erforschen und uns tatsächlich auch alle Einzelheiten minutiös erklären, während sie von der Rückseite des Mondes jedoch keine Ahnung hat. So können die Virologen auch nicht erkennen bzw. beurteilen, wie durch einen Lockdown neue Probleme entstehen. Das ist doch die Aufgabe der Politiker. So gesehen ist es doch keine Schande zuzugeben, dass selbst Experten, in diesem Fall aus der Medizin, im Umgang mit neuen Gefahren, die uns unerwartet plötzlich begegnen, Fehler machen können.

Es war kurz vor dem zweiten Lockdown. Wir hatten im Sommer gedacht, dass wir die Pandemie hinter uns hätten, es kam aber die zweite Welle, die zu schärferen Maßnahmen, zu Auseinandersetzungen zwischen den einzelnen Bundesländern und dem Bund und dann ja auch zum monatelangen Lockdown ab November führte. Ich schrieb das folgende Gedicht am 19. Oktober 2020.

Corona-Schutz-Maßnahmen

Kann sein, sie finden es gar nicht so schlecht,
Coronavirus kam ihnen grad recht.
So können sie – ich vermute mal – denken,
von dem wichtigsten Thema Klima (!) ablenken.

Doch Corona gehn wenige nur in die Falle,
der Klimawandel betrifft aber alle!
Den Virus-Corona-Kampf als Dringlichstes anzugehen
bedeutet, alle andren Probleme weniger dringlich zu sehen.

Doch die Natur sagt:

„Aus meinem Planeten wird Asche und Schutt,
da mach ich vorher die Menschheit kaputt.
Ganz offensichtlich, ohne Tarnung,
Corona ist die letzte Warnung!

Wenn ihr auch das noch nicht kapiert,
ihr werdet sehen, was passiert."
Covid-19, man nennt es die Pandemie.
Angst, Panik, wieder mal viel Hysterie.

Die Masse schont ihr schwaches Gewissen,
lässt verantwortungsvolle Gedanken vermissen.
Wie Lemminge laufen sie hinterher,
doch manche sorgen sich, denken quer.

Als Politiker dann in die Bredouille kamen,
entwickelten sie ihre *Schutzmaßnahmen*.
Ich frage, ob sie dabei auch überall
Maß nahmen? Gründlich in jedem Fall?

Wurde und wird nicht oft übertrieben?
Ist Menschsein gar auf der Strecke geblieben?
Da zweifelt so mancher Bürger im Land;
das ist der Debatte jetzt letzter Stand.

Jetzt zweite Welle, wie's weitergeht?
Wann haben wir Herdenimmunität?
Wann endlich wieder Normalität?
Wann Impfstoff …?

Nicht nur für den, der sich's leisten kann,
sondern für alle, für jedermann!
Zweiter, dritter oder gar vierter Lockdown,
die Wirtschaft, das Leben zusammenhaun;

wie soll die Jugend danach überleben,
wenn wir nur Chaos komplett übergeben?
Corona und Klima, was daraus schließen?
Können wir jeden Tag sorglos genießen?

Das wichtigste, einzige Mittel, die Norm,
muss heißen: in konzentrierter Form
Natur- und Klimaschutz praktizieren,
das hilft uns sicher auch gegen die Viren.

Die Zerstörung beenden, das heißt
auch Massenvernichtungswaffen
reduzieren, nein wirklich abschaffen.
Die Krone der Schöpfung, die ist so klein,
ein Impfstoff wird auch keine Lösung sein.

Die Natur wird immer der Stärkere bleiben,
uns immer wieder in die Enge treiben.
Wann endlich, wann endlich ist es so weit,
das zu kapieren, es ist höchste Zeit.

Kontraproduktiv zur Evolution ist die Angst

Evolution ist produktiv, ggf. aggressiv, aber m. E. niemals defensiv. Solange wir Angst vor Nichtgewolltem nur als ein Signal erkennen, die Weichen richtig zu stellen, befinden wir uns noch auf dem Pfad der Evolution. Sobald wir uns aber durch erhöhte, ungerechtfertigte Angst dirigieren lassen, haben wir den Pfad der Evolution verlassen. Die Angst der Verantwortlichen vor der Pandemie, die sich mittels der Medien ganz schnell in der Bevölkerung breitgemacht hat, ist dafür verantwortlich, dass sehr viele Bürger zu passiven, eingeschüchterten, ängstlichen Menschen geworden sind. Sie hat damit zu der Überzeugung geführt, dass wir diese Lockdowns brauchen, dass wir ohne Lockdown in eine selbstverschuldete Katastrophe hineinsteuern.

Dagegen halte ich: Bei allem, was wir eindämmend gegen die Ausbreitung der Pandemie tun, sind wir kontraproduktiv. Nicht nur durch die Placeboforschung haben wir Beweise, dass der Geist bzw. das Denken meist stärker ist als der Körper und dass das Denken gar den Körper steuert. Beispiele dafür gibt es genügend. Nach einer Schreckensnachricht steigt sofort der Blutdruck. Nach großem Ekel müssen wir uns übergeben, nach dem Anblick einer Grausamkeit läuft es uns eiskalt den Rücken hinunter usw. Wir können diese Gedankenenergie in der Pandemie nutzen; das geht aber nur, wenn wir die Angst abschalten. Wenn mir die Angst den Glauben an einen guten Ausgang der Infektion nimmt, dann befinde ich mich nicht gerade auf der Siegerseite. Es scheint, als hätten wir die wiederkehrende Aussage des Jesus von Nazareth vergessen: Dein Glaube hat dir geholfen.

Wir müssen im Sinne der Evolution voranschreiten, nicht rückwärts gehen. Wenn zum Beispiel ein wütender Hund auf mich zukommt, dann darf ich nicht rückwärts gehen, dann darf ich ihn nicht mit meinem Angstschweiß ermutigen, sondern muss mich der Gefahr stellen und den Hund ebenfalls anbrüllen und auf ihn zugehen. Ich habe das mehrfach mit Erfolg praktiziert, wenn sich beim Spaziergang auf den Schmutterwiesen fremde Hunde auf unseren Beagle stürzten. Ich bin davon überzeugt, das Rezept ist in den meisten Fällen erfolgreich; wenn nicht, dann ist das Ende nur genauso schlimm, wie es mit meiner Angst gewesen wäre.

Noch einmal das Beispiel vom Hund: Die Angst, die von Politik und Medien in der Bevölkerung geschürt wurde und immer noch geschürt wird, die Angst vor dem Virus, vor der nächsten Welle, vor dem nächsten Lockdown mit seinen Kollateralschäden, die Angst um die persönliche Existenz, die Angst vor den immensen Schulden des Staates, die ja auf die Bürger zurückfallen, die Angst vor dem Zugriff des Staates, der mir meine berufliche Existenz und damit meine Zukunft kaputt macht oder mithilfe einer Währungsreform die mühsam aufgebaute Altersversorgung zunichtemacht, die Angst, seine Angehörigen nicht in den Tod begleiten zu können, die Angst, die Angst, die Angst ... Diese Angst hat den Hund, das Virus, ermutigt, stärker zuzupacken. Durch die Angst ist das Immunsystem des einzelnen Bürgers stark geschwächt und dadurch haben ja auch die Virusmutanten mehr Erfolg als das ursprüngliche Virus SARS-CoV-2. Die Angst ist ja auch in diesem Fall ein Rückwärtsgehen, also nicht evolutionsgerecht. Solange Angst als Warnsignal wahrgenommen wird, ist sie naturgewollt. Sobald Angst aber in Panik umschlägt, ist sie zerstörerisch.

Der Opa würde jetzt fragen:

„Reiner, wenn du infiziert wärst, hättest du nicht auch Angst?"

Ich weiß nicht, was ich dem Opa vor vierzig Jahren geantwortet hätte. Inzwischen bin ich ja selbst Opa und habe ein langes Leben hinter mir, mit einiger Erfahrung auch zu außergewöhnlichen Fragen bzw. Abläufen, die man gern Probleme nennt. Heute würde ich antworten:

Dass mich das Virus erwischt, wäre ja durchaus möglich. Da würde ich erst einmal schauen, ob ich genug Vorrat bei meinen Vitamin-C- und meinen Zinktabletten habe, die ich immer bei Erkältungen nehme. Dann würde ich mir vornehmen, nicht die Krankheit, sondern die Gesundheit in den Mittelpunkt meiner Aktivitäten zu stellen; das heißt, ich würde noch mehr als bisher auf mein intaktes Immunsystem achten. Es ist ja bekannt, dass der Darm entscheidend das Immunsystem beeinflusst, so würde ich eben auch bei meiner Ernährung achtsam sein und, zumindest vorübergehend, dem sonst ein wenig verächtlich betrachteten Ratschlag der Mediziner folgen, nämlich weniger Alkohol. Solange ich dazu in der Lage wäre, würde ich weiterhin täglich *meine Runde drehen*, das heißt vier bis acht Kilometer laufen.

Meine innere Einstellung wäre die, dankbar für mein bisheriges Leben zu sein, und für den Fall, dass ich an oder mit Corona sterben sollte, wäre ich auch dankbar und zufrieden, denn das wäre mir lieber als möglicherweise ein langes Krebsleiden oder, was ich als noch schlimmer empfinde, schleichende Demenz oder Ähnliches. Sterben muss ich ja irgendwann; Sterben ist schließlich der Abschluss des Lebens. Und auch in diesem Fall würde ich ein künstliches Koma ablehnen.

Zugegeben, zwei Seelen wohnen in meiner Brust, und das sind Herz und Hirn. Vom Herzen, also vom Gefühl her, würde ich natürlich liebend gerne weiterleben, ich würde zum Beispiel gerne miterleben, dass mein Buch Absatz findet, auch würde ich gerne nach immer weiteren neuen Erfahrungen mein Buch neu schreiben. Vom Hirn aber, also von der Vernunft, würde ich akzeptieren, dass mein Leben sein Ende findet. Es ist dann eben, wie es ist, in Ordnung mit dem großen Universum.

Wer will schon irgendwann einmal alleine und anonym, angeschlossen an hochtechnische Apparate, auf einer Intensivstation sterben? Es spricht sich ja auch langsam herum, dass ca. 80 % der Covid-19-Patienten, die an ein Beatmungsgerät angeschlossen werden, am Ende doch sterben. Einige Mediziner versuchen, diese Geräte nicht mehr zu verwenden. Die Behandlung sei eine schwere Belastung für die Lunge. Es heißt, der hohe Sauerstoffanteil könne das Lungengewebe schädigen, die Muskulatur des Zwerchfells, des Hauptatemmuskels, könne sich abbauen.

Die Menschen müssen die Freiheit haben, selbst zu entscheiden, ob sie, wenn der Tod naht, in einem Krankenhaus oder schmerzfrei und gut versorgt in ihrer gewohnten Umgebung bei ihren Angehörigen sterben wollen. Das kann ich natürlich mit fast 85 Jahren leichter so sehen als ein junger Mensch, der ja denkt, er habe das Leben noch vor sich. Aber das Bewusstsein, dass das Leben von einer Sekunde zur nächsten beendet sein kann, sollte jeder Mensch im Hinterkopf haben – auch wieder ohne

Angst –, denn wir können uns dagegen genauso wenig
absichern wie gegen den durch einen Geisterfahrer ver-
ursachten Verkehrsunfall, gegen den GAU in einem
Atomkraftwerk, wenn nicht mehr bei uns, dann in den
angrenzenden Ländern um uns herum, oder gegen ein
neues, ein anderes Virus.

Der Optimist

Im Herbst wird der Garten noch schön gemacht,
die Arbeit macht Freude, die Sonne lacht,
zwangsläufig fällt dir dann auch noch ein:
Belohnung für dich, sei ein Gläschen Wein.

Doch Vorsicht!

Dir schmeckt der Rotwein nicht alleine,
die Wespe fliegt, sie hat sechs Beine,
kann fliegen, krabbeln oder kriechen,
auf jeden Fall kann sie gut riechen.

Inzwischen ist es siebzehn–dreißig,
die Wespe denkt: auch ich war fleißig,
versteckt sich an des Glases Rand,
da hab' ich sie nicht gleich erkannt.

Ich nehm' das Glas, mach keine Witze,
sie sticht mich in die Zungenspitze,
ich spuck und pruste,
und hüpfe und huste,

mei Frau schimpft: dass du mir nicht wart'st
du gehst mir jetzt sofort zum Arzt.
Der Blick von meiner Frau spricht Bände,
ich denke: Freitag, Wochenende …

Die Zunge, die inzwischen schwillt
sorgt dafür, dass ich auch gewillt,
freiwillig starte ich jetzt schon
in Richtung Intensivstation.

Dort krieg' ich schnellstens Infusionen,
ich soll mich danach erst mal schonen,
man lässt mich widerwillig laufen,
auch soll ich Eiswürfel noch kaufen,

dann Calcium, das dreimal täglich,
die Schmerzen sind grad' so erträglich,
mei Frau, die tröstet: tust mir leid,
du hast viel Pech in letzter Zeit,

ich sage ihr: mein Schatz, du irrst,
wann du das wohl kapieren wirst?
Auch dieses Mal - so, wie vor Wochen –
ich hatte Glück! ... gestochen

hat diese Wespe in die Zunge,
nicht in den Eingang von der Lunge.
Du musst das sehen, wie es ist,
sonst wirst du nie ein Optimist.

Umsonst

Da stehn sie nun alle am Grabe und trauern,
und viele von ihnen müssen bedauern,
und manchem von denen wird plötzlich klar,
dass vieles im Leben nicht richtig war.

Jetzt willst du mit Nachdruck dafür sorgen,
dass alles besser wird – schon ab morgen.
Ein paar Tage später:
Dein Schalten und Walten?
Nichts hat sich geändert;
's ist alles beim Alten.

So ist es

Von dem, was gelebt,
holte der Winter die letzten Kräfte,
und ins Frühjahr strebt
die Natur, produziert frische Säfte.

Der Tod feiert noch einmal den großen Reigen,
man sieht das an unzähligen Todesanzeigen.
Und hinter den Friedhofsmauern
sieht man etliche trauern.

Doch außerhalb hört man sie lachen,
weil sie erben,
wenn dann die Verwandten
doch endlich mal sterben.

Irgendwann

Irgendwann ist es für jeden so weit,
oft erst nach lange erduldetem Leid;
und für manch Hinterbliebenen ganz entsetzlich,
wenn der Tod unerwartet kam, einfach so, plötzlich.

Und ist mit dem Tod dann auch alles aus
oder kommen wir wieder am Ende nach Haus,
ins Paradies, in den Garten Eden,
und gilt das für alle, also für jeden;

oder nur für den, der fest daran glaubt,
seines kindlichen Glaubens noch nicht beraubt?
Wo geht die im Menschen gewesene Energie hin?
Was hatte das Leben auf Erden für einen Sinn?

Will man den Sinn des Lebens kapieren,
dann muss man ernsthaft und lang meditieren.
Der eine sucht lange und doch vergebens
(nicht jeder sucht seinen Sinn des Lebens),

ein andrer hat endlich das Erlebnis,
spürt er ganz sicher dann ein Ergebnis.
Und wenn du, als der Individualist,
auch endlich bei deinem Ergebnis bist,

dann hast du zur gleichen Zeit erkannt:
Für dich gilt jetzt wieder: sei tolerant!
Denn es kann dir mit Sicherheit nicht gefallen,
dass heute die Geldgier bei vielen, fast allen,

zum Sinn des Lebens ist auserkoren,
der wahre Sinn geht dabei verloren.

Ich muss mir nicht mehr das Hirn verrenken
und über den Sinn meines Lebens nachdenken.

Für mich ist der Sinn des Lebens, der Sinn dieser Welt
nicht Egoismus, nicht Macht und erst recht nicht Geld,
für mich ist, solange der Globus sich dreht,
der Sinn dieser Welt Polarität.

Warum?

Klare Grenzen zeigt Polarität,
wenn's auf dem Gipfel nicht weitergeht;
und auch das Bergab ist allemal
absolut fertig unten im Tal.

Und wer die Grenze am Pol überschreitet,
muss achten, dass er nicht ins Weltall entgleitet.
Dazu hat Polarität auch diese Kraft,
die Verbindung zwischen den Polen schafft.

Denn ein Pol alleine kann nicht existieren,
er würde sich doch im Weltall verlieren.
Im Weltall, wo sich alles im Kreise dreht,
wie auch unser Leben im Kreislauf steht.

Und die Zeit lässt den Kreis nicht an einem Ort,
der Kreis, der schreitet spiralförmig fort.
Und wer die Spirale dann weiter streckt,
der hat die Sinuskurve entdeckt.

Und diese zeigt uns, dass das Leben
stets auf und ab geht, niemals eben.
Kreislauf ist Polarität;
tot ist, was sich nicht mehr dreht.

Auf und ab geht unser Leben,
wenn wir nehmen und auch geben.
Jetzt langsam und dann wieder schnell,
nachts dunkel und am Tage hell,

heut Freude, dann auch wieder Tränen,
am Morgen wach sein, abends gähnen;
wir lieben Freiheit, setzen Schranken,
wir bitten oft, vergessen 's Danken,

doch beides macht den Kreislauf rund,
und wer so lebt, lebt auch gesund.
So ist es für mich dann auch keine Frage,
was mit meinem Leben ich dazu beitrage,

zum Sinn des Lebens. … mir fiel dabei ein,
der Sinn kann doch nur diese Aufgabe sein:
Die Polarität im Gleichgewicht halten,
so können wir sinnvoll das Leben gestalten.

Die Polarität im Gleichgewicht halten, was heißt denn das für mich? Für mich heißt das, neben dem Wunsch, mein Leben zu verbessern, etwa durch erfreuliche Aktivitäten, auch stets dankbar und zufrieden zu sein für das Erreichte; oder auch, dass ich von dem, was ich verdient habe, auch wieder etwas abgebe, damit Nehmen und Geben im Ausgleich sind.

Auch muss ich mir immer meiner Grenzen bewusst sein. Ganz einfache Beispiele sind Ernährung, Alkohol, Konsum, Work-Life-Balance. Vor einem Karrieresprung kann ich mir zum Beispiel die Frage stellen: Was wiegt schwerer; auf der einen Seite die Familie, der Wohnsitz, das Eingebundensein in die Gemeinschaft oder auf der anderen Seite die neue Position? Vielleicht fühle ich mich in meiner jetzigen Position deswegen so wohl, weil ich das Metier beherrsche; werde ich wirklich in der neuen Position zufrieden sein können?

Grenzen

Können zweihundertjährige Eichen
mit ihrer Krone den Himmel erreichen?
Sie können es nicht, denn sie wissen genau:
Sie sind Teil der Natur, und die ist schlau.

Natur weiß, wenn es um Grenzen geht,
gilt das Gesetz der Polarität.
Rechts und links, von mir aus auch bitte
oben und unten, du findest die Mitte.

Mir stellt sich die Frage, ich muss das ergänzen:
Warum kennt der Mensch denn nicht seine Grenzen?
Warum, immer wieder, verletzt er sie stur?
Der Mensch ist doch auch ein Teil der Natur!

Kurz zuvor schrieb ich, dass der Opa über Kirche und Religion nie diskutiert hat. Ich würde das jetzt gerne nachholen, weil Kirche mit den Themen Angst und Gottvertrauen bei Corona und Lockdown dazu gehört.

Die Kirchen stehen derzeit zu Recht in der Kritik, und die zunehmende Zahl an Kirchenaustritten ist nicht nur begründet in dem unverdaulichen Missbrauchsskandal, auch die zu zahlende Kirchensteuer ist nicht die Hauptursache. Ein großer Anteil liegt m. E. daran, dass sich die Kirche immer weiter von ihrer Grundidee entfernt, dass sie zu einer kapitalistischen, auf Profit gerichteten Einrichtung geworden ist und für die Inhalte der christlichen Lehre kein Update erarbeitet wird. Diejenigen Pfarrer oder Priester, die ernsthaft bemüht sind, die wirkliche Botschaft zu vermitteln, die werden doch, so bekommt man den Eindruck, von der Kirchenführung allein gelassen. Das sture Festhalten an in alter Zeit festgelegten Ritualen passt nicht zu der die Welt begleitenden Evolution.

Ein zu Corona passendes Beispiel, bei dem offensichtlich wird, dass die Kirche die Hilfestellung versagt, bietet das Grundsatzgebet, das Vaterunser. Dort heißt es: „Dein Wille geschehe." Das bedeutet doch nichts anderes als: Lass die Angst weg, habe Vertrauen in die gottgegebene Natur, in die Selbstheilungs- und die Abwehrkräfte deines Immunsystems, nimm das Leben, wie die Natur es vorgesehen hat, einfach hin und sei dankbar für die Zeit deines Lebens, in der du neben allen Widrigkeiten doch sehr viel Freude gehabt hast und in der du deinen Mitmenschen behilflich sein konntest. Und wenn es denn sein soll, dass dein Leben sein Ende findet, dann ist das naturgewollt, akzeptiere es einfach. Die Kirche aber unterstützt die in meinen Augen fehlgeleitete Politik mit der

Idee der strengen Einhaltung des Lockdowns. Die Menschen, nicht nur die Sterbenden, auch die Angehörigen, werden allein gelassen.

Wir müssen uns endlich aus unserer von Kindheit an geprägten Überzeugung lösen, dass wir Menschen *die Krone der Schöpfung* sind und – auf dieses Problem bezogen – inzwischen mit Medizin und Technik dem Tod Einhalt gebieten können. In der Pandemie bedeutet das, dass wir nicht bestimmen können, wann mit der Medizin und der Technik unser Leben beendet wird. Wir sind ein Teil der Natur, und wir müssen uns in den Rhythmus der Natur fügen. Auch damit können wir einen ganz kleinen Teil dazu beitragen, dass die Generationen nach uns eine Lebenschance haben, denn unser Immer-länger-leben-Wollen ist auch ein Grund für die stetige Zunahme der Weltbevölkerung mit all ihren negativen Folgen.

Es ist nicht nachvollziehbar, dass sich die Kirchen dem Diktat der Politik beugen und den Lockdown komplett unterstützen. Wie passt es zum Auftrag der Nächstenliebe, dass die Kirche Ja und Amen sagt, wenn den Menschen ihre Angehörigen entrissen und ins Krankenhaus abgeschoben werden, wenn die Familien dann mit Besuchsverbot belegt werden und ihre Angehörigen in der Isolation, ggf. im künstlichen Koma an einer Beatmungsmaschine sterben lassen müssen und wenn sie dann nicht einmal bei einer Beerdigung Abschied nehmen können. Wie weit abwärts kann es mit unseren Kirchen noch gehen?

Die Bibel hat doch für jede Situation den passenden Ratschlag. In diesem Fall denke ich an die Aussage von Petrus in der Apostelgeschichte 5, Vers 29: „Petrus aber antwortete und die Apostel sprachen: Man muss Gott mehr gehorchen denn den Menschen."

Und was bedeutet das für uns heute? Dass man Gott mehr gehorchen muss, bedeutet für mich, ich muss auf mein Gewissen hören und entsprechend handeln. Im Einzelfall ist das ja ganz einfach. Wenn es nur um mich, um meine persönlichen Nachteile oder auch um mein persönliches Wohlergehen, meinen Vorteil geht, dann halte ich mich an die gesetzlichen Vorgaben. Wenn es sich aber um meine Mitmenschen, um die Umwelt oder im christlichen Sinne um Nächstenliebe handelt, dann ist es meine Pflicht und Schuldigkeit, auf mein Gewissen zu hören und danach zu handeln. Genau an dieser Stelle akzeptiere ich den Vorwurf, wir würden mit den Lockdowngesetzen in unseren Freiheitsrechten massiv eingeschränkt.

Nicht nur die Kirche braucht ein dringend notwendiges Update, sondern alle Religionen sollten sich in regelmäßigen Abständen überprüfen, ob sie noch in das Heute passen. Religion unterliegt eben auch dem Naturgesetz der Evolution. Würden die Religionsführer sich solchen Prüfungen unterziehen, dann würden sie sich auch endlich wieder näherkommen. Wäre eine Überprüfung schon immer Bestandteil ihres Glaubens gewesen, hätte es möglicherweise keine Religionskriege gegeben.

Ernst und Albert

Es war eine Mutter, die hatte zwei Söhne.
Der Ernst war "der Ernste", der Albert "der Schöne".
Der Ernst war so ernst, ihn plagten die Sorgen:
Was ist und was kommt, wie geht es wohl morgen?
Der Albert war lustig, der konnte stets lachen,
die albernsten Dinge konnte der machen.

Ja, die Mutter, sie liebte den Ernst etwas mehr,
beim Grübeln um Albert ward 's Herz ihr recht schwer:
was wird aus dem Jungen in dieser Welt?
Mit albernen Sprüchen verdient er kein Geld.
Und während Albert das Leben genossen,
war der grübelnde Ernst immer unentschlossen.

Und als Albert in jungen Jahren schon
in einer gehobenen Position,
während Ernst immer weiter studierte,
und das, was im Leben zählt, nicht kapierte,
hat die Mutter - zu spät fast - aber doch noch erkannt,
dass der alberne Albert das Albern verstand.

Auch das Gebet der Christen, das Vater-unser war zu seiner Zeit für die Jünger Jesu vorstellbar absolut richtig, aber auch mit diesem Gebet habe ich meine Probleme. Auch dies verlangt ein Update. Und schon wieder ein m.E. notwendiger Tabubruch: Also weg mit dem „Vater-Sohn", vielleicht bzw. sicher bleibt die Akzeptanz des „heiligen Geistes", der Schöpferkraft, die den Plan, die Ausführung und die Überwachung des ganzen Universums „verkörpert". Die christliche Kirche sollte sich an dem Beispiel ihres Gründers orientieren. Jesus hat doch auch die in seiner Zeit gültige Lehre infrage gestellt.

„Vater unser, der Du bist im Himmel ..." nicht im Himmel irgendwo auf einem Thron, die Schöpferkraft ist in uns, in jedem Einzelnen von uns, genauso auch in jedem Tier, jeder Pflanze, jedem Stein. Schluss mit dem Himmel-Hölle-Märchen. Himmel und Hölle, also Wohlergehen oder Leiden und Qual sind Bestandteil jedes einzelnen, individuellen Lebens, nicht Belohnung oder Bestrafung nach dem Tod.

Und noch einmal zu den Begriffen Gott-Vater und Gottes-Sohn. Mich stört daran zum einen, dass diese unendliche Schöpferkraft zu einem Übermenschen reduziert wird. Das ist eine nicht akzeptable Abwertung. Zum anderen denke ich an die vielen Menschen, die entweder einen nach unserer Moral sehr schlechten Vater haben bzw. hatten, oder die sich selbstkritisch selbst als einen schlechten Vater bezeichnen würden. Wie passt da der Vergleich Vater zu Vater? Wie will die heutige Kirche diesen Fragen Antwort geben?

„geheiligt werde Dein Name ..." Sehr richtig, wir dürfen die Ehrfurcht vor der Natur, dem Produkt dieser Schöpferkraft nicht verlieren; wir sind ein gleichberechtigter Teil der Natur, dabei aber doch selbstbewusst in der Verantwortung, die uns das Leben stellt. Verantwortung für unsere Gedanken, Worte und Taten. Verantwortung auch für den Frieden in unserem engsten Umfeld, und auch wo es um den Frieden in unserer Welt bei Entscheidungen in unserem Staat geht. Mir ist bewusst, dass die Gedanken jedes Einzelnen etwas bewirken können; ich bemühe mich deshalb, täglich daran zu denken, dass wir unseren Planeten nicht durch die um sich greifende stärker werdende Gier nach persönlichem Vorteil ins Chaos stürzen.

„Dein Reich komme ..." , das kommt so oder so. Das Einzige, was mir dabei einfällt, ist, dass wir den Ablauf des Weltgeschehens nicht durch Zerstörung, Ausbeutung, Egoismus und Rücksichtslosigkeit beeinflussen sollten.

„Dein Wille geschehe, wie im Himmel, so auf Erden, unser täglich Brot gib uns heute ..." , sind wir dankbar für „unser täglich Brot", denken wir stets daran? Dankbar auch für das Dach überm Kopf, dankbar für mir freundlich gesinnte Menschen in meinem Umfeld usw. Ein Leben in Dankbarkeit beinhaltet auch, dass ich überhaupt aus der Vielzahl der Möglichkeiten bei meiner Zeugung als Individuum so entstehen konnte, wie ich bin. Mir ist bewusst, dass diese Zufriedenheit mein Immunsystem stärkt, und ich weitgehend von den psychischen Ursachen moderner Krankheiten verschont bin. Sollte ich dennoch unheilbar krank werden, will ich das als meinen Beitrag für den Erhalt der Polarität des Universums ansehen; ich werde mich dann bemühen, die mir erteilte Unterstützung und Pflege durch meine Zufriedenheit in Dank zu wandeln.

„Vergib uns unsere Schuld, wie wir vergeben unseren Schuldigern …" unsere Schuld, und die Schuld, die wir bei anderen Menschen zu sehen glauben, müssen wir uns selbst und den jeweils Betroffenen vergeben. Wir müssen akzeptieren, dass Fehler in diese Welt gehören, dass sie die Welt beweglich machen. Ich halte die Vorstellung der christlichen Lehre für unhaltbar, dass wir abhängig sind, und „erlöst" werden müssen. Erlöst von „unseren Sünden", von der „Erbsünde", erlöst durch einen herausragenden Menschen, der es vor ca. 2000 Jahren gut gemeint hat, der in Vielem ein Vorbild war, vielleicht auch ein Vorbild mit seinem Tod geben wollte, der aber doch, denke ich, für sich selbst, für seine Überzeugung, gehandelt hat.

„und führe uns nicht in Versuchung …", Doch! Menschen, denen jeder Stein aus dem Weg geräumt wird, können nicht stark werden.

„sondern erlöse uns von dem Bösen." Wir brauchen keine Erlösung von dem Bösen, wir können aufmerksam ganz bewusst das Böse meiden, und da, wo wir es nicht aus eigener Kraft verhindern können, müssen wir es als zu der Welt als Teil der Polarität zugehörig akzeptieren.

„denn Dein ist das Reich, und die Kraft und die Herrlichkeit in Ewigkeit Amen." Ich habe nichts zu meckern, der Schluss ist akzeptabel. „Dein ist das Reich", könnte werden: „Dein ist das Universum" oder „das Weltall".

So, wie bei dem Vater-unser, sollte dann auch ein Update bei dem „Glaubensbekenntnis" folgen.

Was ich oft sage …

Das war nun nicht an den Opa gerichtet. Aber schnell noch mein Gedicht zum neuen Jahr und dann noch etwas Generelles zum Thema Dankbarkeit.

Zum neuen Jahr

Zum neuen Jahr wünscht man Gesundheit,
Gesundheit, das Wichtigste sei Gesundheit … .
Ja, Gesundheit … … und Frieden auf der Welt;
einfach, von mir aus auch ohne Sieg,

einfach nur aufhör'n mit jedem Krieg.
Man denkt an Lichter- und Menschenketten,
Menschenketten rund um die Welt,
wo jeder die Hand seines Nächsten hält.

Doch da, wo der einzelne Mensch verzagt,
wo Gesundheit und Weltfriede nicht mehr gefragt,
da reicht der ganz kleine Friede im Herzen,
der lässt uns manchen Kummer verschmerzen,

erinnert uns auch an Dankbarkeit
und lehrt uns in einer traurigen Zeit:
wenn uns auch Wind um die Ohren weht,
dass es uns besser als andern geht.

So wünsche ich denn für dieses Jahr,
dass jeder am Ende zufrieden war.

Update

Update, besser immer gleich, sofort.
Update ist nicht nur ein Wort.
Update in der Politik
für die Menschen, ohne Krieg!

Update in den Religionen,
keine alten Zöpfe schonen,
Update gründlich im Sozialen,
nicht bloß Sprüche vor den Wahlen.

Update hinter deiner Stirn,
Update auch im eignen Hirn.
Ob wir es zukünftig schaffen:
Update endlich ohne Waffen?!

Ob du dafür bist oder nicht,
Update ist auch deine Pflicht.

Zum Thema dankbar und zufrieden sein

Was ich oft sage, will ich hier jetzt einmal schriftlich festhalten: Zum Geburtstag und auch zum Jahreswechsel –
besonders wenn man älter wird – wünschen dir die
Freunde, die Bekannten und Verwandten „Alles Gute
und ganz besonders Gesundheit, an erster Stelle Gesundheit, ja, das Wichtigste ist doch Gesundheit!". Ich antwor-
te dann immer: „Nein, das Wichtigste ist Zufriedenheit
mit Dankbarkeit. Dass die Gesundheit im Alter nicht
mehr die gleiche sein kann wie damals in deinen jungen
Jahren, das ist doch klar; zum Alltag gehören doch die
Wehwehchen." Und dann kommt die Gegenantwort:
„Wie kann ich dankbar und zufrieden sein, wenn ich
immer wieder Schmerzen habe, wenn ich jeden Tag er-
kenne, wie ich weniger werde?" Ich aber bleibe bei meiner Einstellung und ich sage nur: „Probiere es aus, es
wird dir guttun."

Es gibt doch die vielen sich wiederholenden täglichen
Ereignisse und immer wieder viele neue Blickpunkte, die
dir Dankbarkeit förmlich aufdrängen. Allein die Tatsache,
dass wir bei uns inzwischen seit 76 Jahren keinen Krieg
hatten, ist doch Grund genug, dankbar zu sein.

Ich freue mich zum Beispiel, dass ich mir den Luxus leisten kann, ein Stück geräucherten Aal zu kaufen. Dabei ist
mir in Erinnerung, dass wir als Jugendliche pro Tag einen
Pfennig Taschengeld bekamen, im Februar waren es 28;
und wie oft habe ich darauf verzichtet, weil für die Aus-
zahlung die Voraussetzung war, dass ich meine Schulno-
ten zeigen musste. Wenn die mal wieder nicht so gut waren, dann habe ich freiwillig das vereinbarte Taschengeld

sausen lassen und mein Vater hat – aus welchen Gründen auch immer – nicht nachgehakt.

Aber nicht nur beim geräucherten Aal, sondern bei jedem Einkauf mache ich mir bewusst, dass ich heute die Lebensmittel kaufen kann, die mich anlachen, und nicht wie in früheren Jahren jeden Cent – damals waren es Pfennige oder auch Groschen – dreimal umdrehen muss, ehe ich mich für etwas entscheide. Wenn wir als Kinder und dann als Jugendliche für den ganzen Nachmittag am Strand in Laboe zehn Pfennig für einen Viertelliter Milch in der Glasflasche mit Stannioldeckel bekamen, dann haben wir hinter dem Strandkorb der Eltern im Schatten diese Milchflasche eingegraben, so dass die Milch gekühlt blieb und nur noch der mit einem Strohhalm durchstochene Stannioldeckel herausschaute, und dann haben wir uns alle zwanzig Minuten oder auch nur alle halbe Stunde in unserer Strandburg auf den Bauch vor die Flasche gelegt, um mit einem weiteren Schluck Milch unseren Mund zu befeuchten. Den Strohhalm haben wir dann immer so weit hochgezogen, dass wir, wenn wir schließlich Luft und keine Milch mehr ansaugten, genau wussten, wie viel Rest Milch noch in der Flasche war. Wenn die Sonne an einem Tag mal nicht ganz so heiß war, dann habe ich auch auf die Milch verzichtet, um die zehn Pfennig zu sparen.

Heute habe ich zum Beispiel Dankbarkeit verspürt, weil es mir durch den technischen Fortschritt möglich war, mit meiner Enkelin in New York zu skypen. Man kann sich sehen und miteinander sprechen, als ob man nur in einem anderen Zimmer wäre. Und wenn es den ganzen Tag regnet, dann jammere ich nicht über das schlechte Wetter, sondern ich bin dankbar und zufrieden, dass die

Natur so schlau ist, die Pflanzen- und Tierwelt mit Wasser zu versorgen. Das ganze Buch könnte ich mit den vielen Gelegenheiten füllen, die uns Anlass zu Dankbarkeit und Zufriedenheit geben. Aber das hier ist ja nur ein kleiner Einschub zum Thema Coronalockdown. Und ganz ehrlich, ich bin auch dankbar dafür, dass uns die Natur mit ihrer Evolution das Covid-19 gebracht hat. So können auch die unbedarft in den Tag lebenden Mitbürger und die eingefleischten Egoisten erkennen, dass unser bisheriger Lebensstil verändert werden muss. Es ist aber doch wohl klar, dass den Lebensstil verändern nicht Lockdown und monatelanges Masketragen bedeutet.

Wenn ich mit der Dankbarkeit auch die Zufriedenheit betone, dann meine ich nicht Hände in den Schoß nach dem Gedanken „Mir reicht's, ich muss nichts mehr tun". Wenn ich so denken würde, dann bräuchte ich dieses Buch nicht schreiben. Die Zufriedenheit, die zum Phlegma führt, die meine ich nicht. Ich meine das beruhigende und entspannende Gefühl, das sich einstellt, wenn du Dankbarkeit empfindest und weitergibst. Mir missfällt unser Jammern auf hohem Niveau.

Dieser Exkurs lag mir auf dem Herzen. Der Opa musste sich das nicht anhören, es war für meine Leser*innen.
Dass Politik und Medien die Angst als Mittel gegen die Verbreitung des Virus genutzt haben, stimmte mich von Anfang an nachdenklich.
Inzwischen …

Kontraproduktiv zur Evolution ist die Angst
(Fortsetzung)

Inzwischen haben wir ja die Möglichkeit, uns gegen Covid-19 impfen zu lassen, und hoffentlich wird sich das Thema Lockdown sehr bald in Luft auflösen. Meine Worte gelten dann wohl für die nächste Pandemie mit einer neuen Virusvariante, bei der auch die Politiker nicht mehr sagen können, das sei eine völlig neue Situation, da hätten sie gar keine Erfahrung.

Ein Beispiel aus meinem Leben kann hier sehr gut zeigen, was ich beim Problem Angst meine. Als ich die Hälfte meines bisher abgelaufenen Lebens hinter mir hatte, 1978, ich war zweiundvierzig Jahre alt, bekam ich stressbedingt in kurzen Abständen Herzbeschwerden, die mich stark beunruhigten, die mir Angst machten. Ich fragte mich: Wieso reagiert mein Herz so empfindlich? Es war einfach, eine Antwort und auch gleich die Lösung zu finden. Drei Dinge musste ich erkennen: Erstens wurde mein Herzmuskel durch meine Verspannung in seiner Arbeit eingeschränkt. Zweitens, bei gutem Luftholen bekam mein Blut den nötigen Sauerstoff. Hier half ruhiges, entspanntes, tiefes Atmen – und dabei gilt es auch das Ausatmen zu berücksichtigen, damit genug Platz für frische Luft vorhanden ist. Am wichtigsten war jedoch die dritte Erkenntnis: Ich durfte die Angst nicht aufkommen lassen, die Angst vor einem Herzinfarkt oder gar die Angst vor dem Tod. Die Akzeptanz des möglichen, plötzlich eintretenden Todes, verbunden mit dem Gedanken „Dann ist es richtig so, dann ist meine Uhr eben abgelaufen", brachte sofort Besserung. Nach mehrmaliger Übung haben mich die Herzbeschwerden verlassen.

Selbstverständlich habe ich in solchen Situationen immer die Hoffnung, dass ich den gesundheitlichen Angriff gut überstehe, und dabei denke ich, dass ich eine größere Chance habe, am Ende als Sieger dazustehen, wenn ich unverkrampft bin und mich mit Optimismus stärke. Ich bin davon überzeugt, dass die Selbstheilungskräfte eines Menschen durch ungerechtfertigte Angst enorm geschwächt werden und dass eine Covid-19-Erkrankung erheblich schwerer verläuft, wenn um den Kranken herum und bei dem Kranken selbst die Angst vor dem Tod das Feld beherrscht. Auch wenn die meisten Funktionen im künstlichen Koma stillgelegt sind, ist es m. E. entscheidend, ob der Patient mit dieser Angst auf die Wiederbelebung wartet oder sich in Ruhe *erholen* kann.

Zum Thema Angst möchte ich noch ein weiteres Beispiel aus meinem Leben anführen. Als ich vor vier Jahren beim Atmen große Probleme hatte, als ich jeweils nach drei Schritten eine Pause einlegen musste, als ich wegen der Schmerzen im linken Arm an Herzprobleme dachte, habe ich mich um einen Termin bei einem Kardiologen in Augsburg bemüht. Das war Anfang April 2017. Einen Termin hat mir die kardiologische Praxis dann am 12. Dezember 2017 angeboten. Die Sprechstundenhelferin bei meiner Hausärztin sagte: „Das geht ja gar nicht, ich bemühe mich, einen früheren Termin zu bekommen." Das dann inzwischen viel bessere Ergebnis war der 6. Juni 2017. Dann rief ich bei dem Kardiologen an und fragte, ob es denn bei so einer Terminvergabe nicht öfter vorkommt, dass ein Patient vor der Behandlung krepiert und dadurch ein Termin wieder frei wird. Das nette Fräulein antwortete mir: „Das ist ja sehr makaber, aber Sie haben recht, ich mache einen Vermerk und werde Sie, wenn ein Termin frei wird, dazwischenschieben."

Ich wollte nicht länger warten, und die Sprechstundenhilfe bei meiner Hausärztin sagte mir: „Da gibt es doch ein neues Herzzentrum im Diako, da sind dreizehn Fachärzte, da würde ich einfach hinfahren." Gesagt, getan, ich fahre in die Tiefgarage am Diako und will mich anmelden. „Sie haben keinen Termin, da habe ich gar keine Möglichkeit für Sie." Ich sagte aber: „Schauen Sie doch mal, ich bekomme doch keine Luft mehr." Die Assistentin gab zur Antwort: „Okay, ich werde es noch einmal versuchen." Nach ca. zehn Minuten kam sie in die Anmeldung zurück und eröffnete mir, dass es gar keine Chance gebe, es seien auch nicht dreizehn Ärzte gleichzeitig da, die würden sich abwechseln und es sei immer nur ein Arzt im Haus, manchmal noch ein zweiter, der schriftliche Arbeiten erledige.

Ich ging ins Parkhaus, setzte mich ins Auto, fuhr in das nächste Parkhaus am Ernst-Reuter-Platz und ging jetzt direkt zu dem Arzt am Königsplatz, bei dem am 6. Juni der Termin für mich eingetragen war. Die Praxis war in der Mittagszeit geschlossen. Die Wartezeit verbrachte ich im Schalterraum der Kreissparkasse, wo ich mir sehr ausführlich die Cartoonausstellung anschaute, bei der ich in Ruhe stehend von Bild zu Bild nicht viel Luft brauchte. Dann ging ich in die Praxis. Das gleiche Spiel auch hier: „Wir haben keinen Termin für Sie frei, Sie müssen bis zum 6. Juni warten." Jetzt war bei mir der Geduldsfaden gerissen. Ich sagte: „Ich werde die Praxis nicht verlassen, bevor mich ein Arzt angeschaut hat." Man ließ mich stehen und nach ca. zehn Minuten kam ein Arzt, der zufälligerweise auch noch den gleichen Nachnamen hatte wie ich. Nicht gerade überfreundlich akzeptierte er, dass ich die Praxis ohne Untersuchung nicht mehr verlassen würde.

Dann sagte er, er werde einen Schnelltest machen, nahm mir aus der Fingerkuppe einen Tropfen Blut und nach geschätzten zehn Minuten kam er zurück und meinte: „Sie haben keinen Herzinfarkt, gehen Sie nach Hause." Ich blieb stur und erwiderte: „Aber ich bekomme doch keine Luft mehr", woraufhin er sagte: „Machen Sie mal das Hemd hoch", und er horchte meine Lunge ab. „Sie haben kein Wasser in der Lunge, gehen Sie nach Hause und wenn es schlimmer wird, dann rufen Sie den Notarzt."

Das war am Freitag, 28. April 2017. Mühsam quälte ich mich ins Parkhaus und fuhr nach Hause. Erst im Nachhinein wurde mir bewusst, wie sehr ich in Gefahr gewesen war, aber auch andere Menschen in Gefahr gebracht hatte. Ich muss ehrlicherweise zugeben, dass ich mich vor dem Notarzt und vor einem Klinikaufenthalt gescheut hatte, weil wir erst kürzlich zwei Freunde verloren hatten, die angeblich an Krankenhauskeimen gestorben seien.

Am Sonntag, 30. April 2017 nach der Mittagspause rief ich dann endlich den Notarzt. Sie kamen zu dritt oder zu viert, ich weiß es nicht mehr so genau, mit Pkw und Krankenwagen. Eine Ärztin hat sofort eine Infusion gestartet, worauf es mir spontan besser ging und wir schon wieder miteinander scherzen konnten, was meine Frau in der angespannten Situation nicht verstehen konnte. Diagnose: doppelseitige Lungenembolie. In der Klinik haben die Untersuchungen dann noch eine durch die Überlastung des Herzens vergrößerte Herzkammer festgestellt, die sich aber im Verlauf des Klinikaufenthalts wieder normalisiert hat.

Kompliment für diesen Notfalleinsatz und auch für den sich anschließenden Klinikaufenthalt. Meine bis dahin vorsichtige Ablehnung des Klinikums hat sich mit diesem Verlauf in große Anerkennung der Leistung so einer Klinik und des Drumherums gewandelt.

Warum ich aber diese ganze Geschichte geschrieben habe, muss ich ja auch noch hinzufügen. Der Professor Dr. von Scheidt hat mir gesagt: „Ihre innere Einstellung hat Ihnen das Leben gerettet." Jetzt weiß ich leider nicht mehr genau, hat er gesagt, *jeder andere,* oder hat er gesagt, *mancher andere* wäre dabei gestorben.

Die innere Einstellung zum Leben und zum Tod, genauer die Angst vor dem Tod, darüber sollten wir demnächst öffentlich diskutieren, nicht erst wenn die nächste Pandemie uns überfallen hat; wenn erneut die Fragen einer Triage auftreten, mit denen wir dann wieder die Ärzte allein lassen. Der Impuls muss auch von der Bevölkerung ausgehen, in der der Einzelne sein dem Leben und dem Tod zugewandtes Denken zeigt. Dann kommen wir m. E. auch sicher ohne Lockdown durch die weiteren Phasen.

Dass Corona oder ein anderes Virus oder eine völlig andere Herausforderung auf uns zukommen wird, ist doch so sicher wie das Amen in der Kirche. Das weiß die Politik und sie spricht davon, dass man das Gesundheitswesen generell stärken müsse. Es hat sich ja auch herausgestellt, dass die Pandemie in den Elendsvierteln ihre Triumphe feiert. Meine Frage dazu: Was wird dafür getan, dass die Bevölkerung generell über ein besseres Immunsystem verfügt? Sollten wir – verzeihen Sie mir das Wortspiel – aus unseren Krankenhäusern nicht besser Gesundheitshäuser machen?

Kontraproduktiv zur Evolution ist die Quarantäne

Um noch einmal auf die Frage zurückzukommen, was wäre, wenn ich mit Corona infiziert wäre. Ja, dann müsste ich sicher auch in Quarantäne; und meine Frau dazu. Wie wir dann mit dem Nötigsten versorgt würden, darüber habe ich mir noch keine Gedanken gemacht. Sicher liegt das auch daran, dass ich mir in meinem Optimismus noch nicht ausgemalt habe, zu den 0,04 % der Bevölkerung zu gehören, die betroffen sind. Mir bliebe ja nichts anderes übrig, als mich der Gesetzeslage zu beugen.

Quarantäne ist m. E. im Falle der Pandemie grundsätzlich falsch; speziell aber bei den Getesteten, die von ihrer Coronainfektion gar nichts gemerkt haben. Es kann doch sein, dass das Virus in unterschiedlicher Stärke auftritt, so wie auch die Menschen ein unterschiedlich starkes Immunsystem haben. Wenn das so ist, dann verschenken wir mit der Quarantäne die Möglichkeit, schneller die Herdenimmunität zu bekommen. Quarantäne ist genauso wie die Angst ein Sichzurückziehen und damit nicht evolutionsgerecht.

Man ist sich ja bis heute nicht einig in den Aussagen. Wer steckt wen wann oder wo bei welcher Konstellation mit dem Virus an? Nur aus dieser Unsicherheit heraus ist man ja auf die Idee gekommen, durch Quarantäne eine Ansteckung zu verhindern.

Besonders schlimm finde ich die Quarantäne in den Seniorenheimen, wo den Angehörigen der Kontakt zu den Bewohnern verboten wird. Hier ist doch eine Abwägung darüber erforderlich, was für den kranken oder auch für

den sichtbar sterbenden Menschen das der Würde ent-
sprechende Richtige ist. Es ist ja nicht nur der Verstorbe-
ne betroffen, sondern genauso sind es die Angehörigen,
die keinen Abschied nehmen können; die sich nicht mit
der Antwort zufriedengeben können, dass das un-
menschliche Vorgehen eben nötig war.

Kontraproduktiv zur Evolution ist jeder Stillstand

Wir dürfen nicht einseitig und vorrangig darüber diskutieren, ob und wie unsere Freiheiten eingeschränkt werden, weil ggf. sonst Menschen in größerer Zahl als im bekannten Durchschnitt sterben würden. Wir alle müssen auch unseren Pflichten nachkommen, die parallel dazugehören, und das heißt, wir dürfen uns nicht durch Lockdown der Pandemie entziehen, sondern wir müssen uns der Pandemie entgegenstellen und uns im Gefüge der Evolution stärken, ohne Ellenbogen und ohne Egoismus. Der Einzelne sollte in dieser Situation nicht an sich selbst denken und um jeden Preis seine eigene Ansteckung zu verhindern suchen, sondern mit der gleichen Hilfsbereitschaft, wie es die Ärzte und Pfleger tun, an den Brennpunkten, zum Beispiel in den Familien, unterstützend verfügbar sein.

Diese Aktivität, dieses Sich-*nicht*-Zurückziehen, mag in den Ohren eines Virologen unsinnig klingen, wenn wir aber die Kollateralschäden des monatelangen Lockdowns erkennen und bewerten, wenn wir die Vielzahl der Insolvenzen von Einzelunternehmen, von Gastwirten, von Start-ups erfassen, die psychischen Schäden der Kinder, der Jugendlichen, der Erwachsenen, zu erkennen an der Überlastung der Psychotherapeuten, der Eheberater, der Insolvenzbegleiter, der Suizidpräventionsberater, dann ist dieser andere Blickwinkel schlichtweg notwendig. Der Lockdown macht eine große Zahl gesunder, fröhlicher Menschen krank, ggf. chronisch krank.

Mir macht Sorgen, dass die Regierung bemüht ist, so schnell wie möglich den Vor-Corona-Stand des Wirtschaftswachstums wieder herzustellen. Wenn die (Noch-)Kanzlerin Dr. Merkel sagt: „Wir müssen so schnell wie möglich wieder zur alten Lebensweise zurückkehren", macht das auf mich den Eindruck, als wolle man gar nichts, aber auch wirklich gar nichts lernen aus diesem uns von der Natur gegebenen Signal.

Die Bundeskanzlerin spricht von Freiheit und Verantwortung in der Demokratie. Die Verantwortung ist aber nicht begrenzt auf die heute lebende Generation. Wir müssen auch der Verantwortung für unseren Planeten und damit auch der Verantwortung für die kommenden Generationen gerecht werden. Eine Demokratie ist nach unserer Erfahrung und nach unserem Verständnis die beste Regierungsform, sie ist aber dennoch nicht perfekt, und das liegt m. E. zu einem erheblichen Teil daran, dass die Vorgaben, die uns die Natur gibt, nicht eingehalten werden. Eine Demokratie kann nur dann funktionieren, wenn ihre Grundregeln am Naturgesetz der Polarität ausgerichtet sind.

Es ist richtig: wir machen alle Fehler, wir sind nicht perfekt. Vielleicht ist ja auch das ein Bestandteil der Evolution. Wir können demnach nicht erwarten, dass eine Regierung alles richtig macht. Aber ich frage mich: Wo bleibt der Arbeitskreis, der sich ausschließlich mit der Pandemie und ihren Folgen beschäftigt, der Richtlinien erstellt, was wir in Zukunft anders machen sollen? Wo bleiben die Studien über den Lockdown und seine negativen Folgen, über den Zusammenhang zwischen dem Virus, dem Klimawandel und dem Bevölkerungswachstum? Wo bleiben die Empfehlungen und die Angebote für die Stabilisierung unseres Immunsystems? Wie kann man in so einem Lockdown, wenn er denn überhaupt für richtig gehalten wird, die Kollateralschäden vermeiden bzw. in

Grenzen halten? Was sind die Empfehlungen – sowohl an die Wirtschaft als auch an den Einzelnen – für entscheidende, notwendige Änderungen in unserem täglichen Verhalten, um nicht so schnell wie möglich wieder in den offensichtlich falschen Rhythmus der klimaschädlichen Vor-Corona-Zeit zu gelangen? Und wie will man erreichen, dass die Empfehlungen dann auch in Taten umgesetzt werden?

Die Regierung sollte die Bevölkerung über dieses Bemühen besser informieren; das würde Beruhigung bringen und die Angst vor möglichen zukünftigen Lockdowns mildern. Es würde auch wieder etwas mehr Vertrauen in die Politik bewirken.

All das sollte nicht nur von daran interessierten freien Wissenschaftlern bearbeitet werden, sondern auch als ein zentrales Arbeitsfeld der Regierung erkannt werden. Nur mit klaren Erkenntnissen aus der Pandemievergangenheit können wir für spätere Virusattacken gewappnet sein.

Eins hat sich doch herausgestellt: Die Pandemie ist eine Warnung unseres Planeten. Wir müssen den brutalen Umgang mit ihm, die extreme Ausbeutung, beenden. Die Entstehung des Virus ist noch nicht bis ins Letzte erforscht, interessant ist aber folgender Artikel aus der Ärztezeitung, der von Dr. Horst Grünwoldt, Hygieniker und Medizinischer Mikrobiologe aus Rostock, geschrieben wurde und am 13.02.2021 erschien.

„Schließlich stammt unser ‚Corona‘ aus den genetisch ähnlichen Schleimhautzellen unserer weltweiten Schmal- und Langnasen im Laufe einer entzündlichen Rhinitis oder Phariyngitis, und nicht aus der Infektion (lat. Hereinmachen) eines ‚circulierenden‘ (dt. herumkreisenden) leblosen Nano-Zellpartikels namens ‚Sars2-coVirus‘! So wird der Rachenabstrich des Virologen Drosten in vielen Fällen positiv, obwohl gar keine Covid-19-Krankheit zu erwarten ist. Unser lymphatischer Rachenring (inklusive Tonsillen/Mandeln) ist nämlich seit der Geburt mit allen möglichen Agentien und Mikroorganismen kontaminiert. Die werden aber in der Regel symptomlos durch die zelluläre und humorale Abwehr (insbesondere die Schleimhautantikörper IgA) beherrscht. Deshalb ist das Drosten'sche stille Atem-Aerosol überhaupt nicht als infektiös (ansteckend) anzusehen!"

Sollte sich am Ende der Pandemie die Erkenntnis durchsetzen, dass dieser Mikrobiologe Dr. Grünwoldt recht hat, dann stellt sich mir die Frage, ob nicht von der Pharmaindustrie, wie schon manchmal vermutet, nur wieder eine weitere Krankheit erfunden wurde, um mit neuen Medikamenten, in diesem Fall mit Impfungen, viel Geld zu verdienen.
Auch wenn dieser Artikel nur die Aussage eines von vielen med. Mikrobiologen ist, gibt er zu denken. Wenn Grünwoldt recht hat, ist das Virus möglicherweise weniger ansteckend, als gemeinhin angenommen wird, dann muss ich nicht noch ein Gedicht über die Maskenpflicht schreiben.

Ferndiagnose

Als ich Dich kürzlich an der Strippe,
merkte ich schnell: Du hast die Grippe,
weil Deine Stimme sehr nasal klang,
und dieser Husten mit Gewalt drang.

Ich empfehle: sei so nett,
bleib' mit Fieber jetzt im Bett.
Hier schick ich Dir anbei Tabletten,
die sollen Dich vor Ärg'rem retten,

und sie verleihen neuen Schwung,
so kommt sehr schnell die Besserung.
Wär' ich persönlich heut gekommen,
hätt' ich die Grippe mitgenommen.

Grippezeit bzw. Heuschnupfen

Sie gehören beide ins selbe Gesicht,
und so kam 's, dass der Mund zu der Nase spricht:
„Mein Freund, du musst das vermeiden!
Du läufst mir zu oft in den Mund,
ich kann das nicht leiden!"

Die Nase antwortet ihm: „Na und?
Dann lass dich doch scheiden, du blöder Mund!"
„Du weißt, Scheidung geht nicht, das ist es ja eben.
Du Nase benimmst dich zu oft sehr daneben.
Dann will noch ein Finger mal in dir bohren,
und außerdem stört es auch unsere Ohren.

Die Ohren, die finden es langsam zum Kotzen,
das blöde Geräusch (!) beim Hochzieh'n von Rotzen.
Ich bin 's nicht alleine, die sich beschwert,
dreh' dich doch, Nase, du hängst doch verkehrt."
Die Nase blieb ruhig: „Hör zu, lieber Mund,
du hast keine Chance, wenn du klar siehst,

und jetzt kommt der Hammer, als last but not least!
Ich will dir jetzt einmal ganz deutlich sagen:
Ich muss deinen Mundgeruch täglich ertragen.
Die Ohren hör'n Rauschen und Klingen,
vielleicht auch die Engelein singen,
dann hören sie wieder schöne Konzerte,

durch dich geh'n genüsslich die inneren Werte,
ich meine die Speisen und köstlich Getränk.
Ich bin auf dich neidisch, und glaub mir, ich denk'
du siehst es jetzt ein, wie arm dran ich bin,
für mich macht das Leben doch fast keinen Sinn. ---
Ich würde ja gern, doch ich kann ja nicht saufen,
dann lass mich doch wenigstens ab und zu laufen.

Alternativ gibt es ja die weitverbreitete Meinung einer Zoonose, also einer vom Tier auf den Menschen übertragenen Infektionskrankheit. Wie es auch sein sollte, wir sollten endlich aus der Alternativlosigkeit herauskommen.

Bei uns stehen Wahlen an. Die Ergebnisse geben einer neuen Regierung die Möglichkeit, hier wirksam auf das Erkannte zu reagieren.

FFP2-Masken alternativlos?

Genauso wie ich gegen den Lockdown bin, bin ich gegen den Maskenzwang. Ich empfinde diesen Maskenzwang, ebenso das ständige Desinfizieren, als eine kontraproduktive Zumutung. Wenn jemand davon überzeugt ist, dass die Maske ein notwendiges Mittel gegen die Verbreitung der Pandemie ist, dann sei ihm freigestellt, sie überall, wo auch immer, zu tragen. Es muss aber eine persönliche Überzeugung bleiben, es darf kein Diktat des Staates sein, und diese Menschen sollten dann nicht diejenigen anpöbeln, die keine Maske tragen, wie es mir mehrfach passiert ist, wenn ich, bis ich mich daran gewöhnt hatte, gedankenlos in ein Kaufhaus gegangen bin.

Mediziner und Virologen erklären, dass die Maske nicht vor dem Virus schützt, aber diverse Krankheiten befördert. „Mund-Nasen-Schutz vermindert die körperliche Belastbarkeit von Gesunden." Dies besagt die deutschlandweit erste wissenschaftliche Arbeit zum Thema mit eindeutigen Ergebnissen, angefertigt vom Universitätsklinikum Leipzig. Wenn also die körperliche Belastbarkeit vermindert ist, dann ist m. E. auch das Immunsystem in seiner Schutzfunktion vermindert und das Eintreten des Virus in den Körper wird erleichtert.

Übertriebene Hygiene in der Kindererziehung führt nachweislich dazu, dass die so *geschützten* Kinder ihr Immunsystem nicht stark genug für die Zukunft ausbilden können. Nach dem gleichen Prinzip verfahren wir, wenn wir die Masken- und Hygienepflicht übertreiben; ganz abgesehen davon, dass wir mit übermäßigem Verbrauch der Desinfektionsmittel unsere Umwelt eben auch übermäßig belasten. Die Auswertungen nach der Pandemie, die die Nebenwirkungen dann offenlegen, werden mir auch in diesem Punkt recht geben. Wir alle verbrauchen viel zu viel Desinfektionsmittel, aber auch viel zu viel Waschmittel und vergiften damit unsere Abwässer.

Märchenrealität

Habt ihr bemerkt,
dass der Schnee dieses Jahr
anstatt schön weiß
ziemlich grau g'wesen war?

Hier scheint es doch offensichtlich, dass
auch auf Frau Holle nicht mehr Verlass.

Doch wie gesagt, scheint es da nur;
Frau Holle hat Sorgen mit der Natur,
und deswegen nimmt sie nur noch ein Drittel
von ihrem neuen Biowaschmittel.

Man wirft mir vor, wenn ich die besondere FFP2-Maske nicht überall trage, ich sei rücksichtslos, ich würde nicht nur mich, sondern auch viele andere Menschen in meiner Nähe gefährden. Abgesehen davon, dass ich nach meiner doppelseitigen Lungenembolie wahrscheinlich auf Antrag beim Arzt vom Maskentragen befreit würde, finde ich, dass ich den Mitmenschen um mich herum mehr dienen kann, wenn ich mich ohne Maske dem Risiko einer Covid-19-Infektion aussetze. Falls eine Ansteckung dann wirklich geschehen sollte, würde ich durch die weitere Verbreitung des Virus der Herdenimmunität einen Schritt weiterhelfen.

Auch das Maskentragen gehört m. E. in die Kategorie Angst und Rückzug, und damit passt es nicht in die Fortentwicklung der Evolution. Jetzt heißt es, wir sollten durch Einreisebestimmungen mit zwangsläufig *notwendigen* Quarantänezeiten die Covid-Varianten nicht nach Deutschland eindringen lassen. Ja, frage ich mich, wie naiv muss man sein, dass man ernsthaft glaubt, wir könnten eine virusvariantenfreie Zone auf der vernetzten Welt sein oder bleiben?

**„Reiner, was sagst denn du heute zu unserer
Politik, wen würdest du wählen?"**

Ich staune gerade, ich stelle fest, dass ich den Opa nie
gefragt habe, wen oder was er wählt. Er hat mich gefragt,
ich habe meine Antworten gegeben, aber nicht zurückge-
fragt. Es war angenehm, mit dem Opa über Politik zu
reden. Er hat alle Argumente akzeptiert, wenn auch nicht
– und das war gut so – übernommen. Was man oft liest
oder hört, dass es bei Diskussionen über Politik am Ende
zum Streit kommt, das hat es bei uns nicht gegeben.

Wer ?

Wer von den drei Kanzleramtskandidaten,
bringt nach Versprechungen endlich Taten,
wer „kann-die-Daten" des Weltklimaberichts
– Wichtigeres gibt es derzeit ja nichts –

überzeugend den Wählern präsentieren,
wer kann die Wählerschaft motivieren,
wer hat die fast unvorstellbare Kraft,
die den Stopp bei der Erderwärmung jetzt schafft,

wer kann die Wähler für sich gewinnen,
sie überzeugen im Herzen tief drinnen,
dass wir Gesetze brauchen, der Zukunft zuliebe,
damit unser Klima am besten so bliebe,

dass diese Gesetze erforderlich sind,
dass sie mit einem ganz neuen Wind
wieder Normalität der Gesellschaft bringen,
–wer das nicht kapiert, den muss man halt zwingen –

Nicht mehr, mehr, Wachstum um jeden Preis,
kapieren, was eigentlich jeder doch weiß.
Wer von den Kanzleramtskandidaten
will nicht nur reden, sondern mit Taten,

Taten, die wir am eigenen Leibe spüren,
aber die uns die richtige Richtung führen,
wer denkt nicht, wie die meisten Alten:
meine paar Jahre wird die Erde noch halten.

Die bislang praktizierte Regierungsmethode
nach Wahlperioden ist sehr marode.
Wer hat die Kinder und Enkel im Sinn,
Bewerber oder Bewerberin?

Futur

Futur eins und Futur zwei,
Grammatik ist heut auch dabei.

Futur eins heißt: Es wird sein!
Futur zwei mit Totenschein
heißt: Es wird gewesen sein!

Zukunft mit Vergangenheit?
Passt das auch in unsre Zeit?

Leben wir in Zukunft eins
oder wandert unsereins
zielgerichtet, stolz und frei
in die Zukunft Nummer zwei?

Neulich war in der Zeitung zu lesen:
„Täglich sterben dreihundert Arten."
Das sind verdammt viel, in einem ganzen
Monat, verschiedene Tiere und Pflanzen.

Und das sei wissenschaftlich geschätzt.
Vielleicht haben ja Panikmacher gehetzt?
Doch wer wird es schreiben, und wer wird es lesen,
wenn dann der Mensch eine der Arten gewesen?

Ja, wen würde ich wählen? Diejenige Partei, die sich am meisten um die Zukunft unseres Planeten bemüht.

Ein Hauptgrund, warum ich die Linke bisher gewählt habe, ist der, dass sie von allen Parteien mit ihren Programmen bzw. Zielen am meisten meiner Vorstellung von der Beachtung des Naturgesetzes der Polarität entspricht, ganz bewusst oder auch nur instinktiv. Die Begrenzung bei Reichtum und Armut, leben und leben lassen, das entspricht doch letzten Endes dem Verbot von Waffenexporten und der Ablehnung von Auslandseinsätzen der Bundeswehrsoldat*innen.

Meine pazifistische Einstellung ist gewachsen in der Zeit des Zweiten Weltkrieges. Wir waren fünf Kinder, und meine Mutter hatte uns eingeteilt in die zwei Großen und die drei Kleinen. Ich war der älteste von den drei Kleinen, und ich wollte die Aufteilung immer in die Form *drei Große und zwei Kleine* bringen. Das gelang mir nicht, und ich denke, es lag daran, dass der Altersunterschied zwischen meinem älteren Bruder und meiner älteren Schwester nur 16 Monate war, derjenige zwischen meiner älteren Schwester und mir aber 31 Monate. Die zwei älteren Geschwister waren also, als es mich noch gar nicht gab, bereits ein eingeschworenes Team. Wenn ich mich zu Wort melden wollte, wurde ich immer sehr schnell in die Schranken gewiesen. Auf meine Fragen bekam ich nur selten eine Antwort, die mich zufriedenstellte.

Erinnerung an die Kindheit
irgendwann zwischen 1943 und 1945

„Jetzt ist's aber spät; sei bitte so nett,
schnell Hände waschen und ruckzuck ins Bett!"
„Mama, darf ich dich vorher noch bitte fragen:
Warum müssen alle *Heil Hitler* sagen?

Du sagst, ich muss beten für den Sieg,
ist denn der liebe Gott auch in dem Krieg?
Die Kinder in Russland, die … beten die auch?
O Mama, es tut wieder so weh da im Bauch."

„Jetzt ist es schon spät, wir müssen verdunkeln;
schau noch ganz schnell, wie die Sterne schön funkeln.

Dein Schutzengel winkt da mit seinen Flügeln;
und jetzt marsch ins Bett; ich muss heut noch bügeln."

Bewundert habe ich die Linken-Politiker*innen immer, wenn sie in den Talkshows von den Vertretern der sogenannten Volksparteien arrogant und herablassend in bestimmte Ecken gestellt wurden; bewundert habe ich sie, wenn sie bei vorgebrachten unsachlichen Argumenten nicht aus der Haut gefahren sind und wenn sie dann messerscharf dagegen argumentiert haben. Ich verstehe es nicht, dass Die Linke in der Bevölkerung nicht die Resonanz bekommt, die sie verdient, wo sie sich doch ernsthaft um die Lösung der Probleme des größeren Teils der Wähler bemüht. Weil ich wenig Hoffnung habe, dass sich das Wahlverhalten schlagartig ändert, bleibt mir in diesem Jahr nur noch die Wahl der Grünen, auch wenn es mich empört hat, dass der sonst so gescheite Robert Habeck Waffenlieferungen in die Krisengebiete empfiehlt. Nun gut, wahrscheinlich muss man zuerst mit den Wölfen heulen, um dann doch mit seinen Grundideen zu überzeugen.

Dass die bisher im Amt stehenden Parteien ihre Pfründe erhalten wollen, ist verständlich. Wir sollten aber doch auch endlich den Versuch machen, das *Weiterso* durch eine andere Parteienkonstellation zu beenden.

Eine andere Politik, wie sie von den Grünen angeboten wird, muss ja nicht, wie gern behauptet wird, die Wirtschaft kaputtregieren. Das Argument gegen die Grünen-Kanzlerkandidatin, dass sie keine Regierungspraxis hat, spricht nicht gerade für Lebenserfahrung. Erstens: Neue Besen kehren gut, und zweitens: Wenn wir kein Weiterso wollen, dann ist es doch sehr gut, dass mit frischem Wind und viel Elan, ohne bisherige Regierungspraxis, die die Wiederholungen im gleichen Trott bringt, endlich aus einem anderen Blickwinkel ein Versuch zum Besseren gestartet wird.

Wann endlich bewegt sich etwas?

Volksparteien wie auch die Kirchen,
sie hatten alle ihr Ziel.
Und was ist jetzt?

Sie sind nicht mehr viel,
sie werden gehetzt;
sind schwer verletzt.

Sie sind nicht mehr das,
was sie mal waren,
Mitglieder verabschieden sich in Scharen.

Wieso?

Sie haben von ihrem Ziel sich entfernt,
total die Inhalte völlig entkernt,
und anstatt dass man sich endlich in Demut beugt,
ist man von sich immer noch voll überzeugt.

Sie haben noch immer den Buchstaben C
in ihrem Namen, das tut doch weh;
das C ist vergessen, ihr neues Ziel
ist Kapital, und davon sehr viel.

Und die andren beginnen mit stolzem S,
S für Soziales – Tatsache indes
ist, dass Arm und Reich auseinanderstreben
und es den Armen nicht reicht zum Leben.

Bei Altersarmut nur Flickschusterei,
ein klares Konzept fehlt, ist nicht dabei.
Und die Kirchen?
Sie wollten doch Vorbild sein? …

Von mir aus hätte eine Kandidatin oder ein Kandidat noch einmal zehn Jahre jünger sein können; da ein junger Mensch viel mehr von den zu erwartenden Klimafolgekatastrophen miterleben muss, wird eine Führung aus jungen Persönlichkeiten sicher dazu beitragen, dass die Politik endlich beim Problem Klimawandel den Worten ausreichende und sofort wirksame Taten folgen lässt. Das Denken in Wahlperioden muss ein Ende haben. Alle Politiker müssen verinnerlichen, dass unser Planet in jeder Wahlperiode ein Stück weiter aus der Katastrophe herausgeführt werden muss. Der Hauptgrund dafür, dass ich diesmal Bündnis 90/Die Grünen wähle, ist de facto die Tatsache, dass diese Partei eine Kanzlerkandidatin präsentiert, die zur jüngeren Generation gehört.

Es reicht nicht, für spätere Jahrzehnte Ziele festzulegen, von denen ja heute noch nicht bekannt ist, ob sie wirklich erreicht werden; wir müssen die Schwerpunkte auf das Heute legen. Und wir müssen erkennen und akzeptieren, also verinnerlichen, dass der Klimaschutz sehr viel Geld kostet. Es ist ja errechnet, dass die Nichtbeachtung des Klimawandels erheblich höhere Kosten zur Folge hat. Vielleicht müssen wir ja das ganze Geld, das wir zurzeit in die Rüstung stecken, das – wie inzwischen offensichtlich – ohne Erfolg in die Auslandseinsätze gepumpt wird, sinnvoller gegen den Klimawandel einsetzen.

Das oft vorgetragene Argument, wir würden nur zu 2 % an den Ursachen des Klimawandels teilhaben, manchmal heißt es auch, wir seien weltweit nicht einmal im Promillebereich und deswegen seien ja sowieso alle Bemühungen um ein Gegensteuern vergeblich, dieses Argument zieht überhaupt nicht.

Wenn wir eine andere Relation betrachten, dann zeigt sich, dass wir 100% zu viel an den Ursachen des Klimawandels teilhaben, weil wir nämlich nur 1% der Weltbevölkerung ausmachen. Wenn also unsere Bemühungen umsonst wären, dann hätten wir auch sagen können, unser Atomausstieg ist sinnlos, weil in den Ländern um uns herum und sowieso weltweit immer noch Atomkraftwerke gebaut und betrieben werden.

Weil wir das Wissen und die Technik haben, müssen wir mit gutem Beispiel vorangehen. Wir müssen die Erfolge sichtbar machen und anderen Ländern dabei helfen, uns nachzueifern.

Aber vielleicht hat die Natur ja die Faxen dicke mit so dummen Menschen, die sich ihre Lebensgrundlagen mutwillig zerstören, die nicht auf die vielen Warnungen und auch nicht auf die letzte hören, die aus der Coronapandemie nicht die nötigen Schlüsse ziehen wollen. So wie wir eine Fliege, die sich auf unsere Lebensmittel setzt, zuerst einmal verjagen, schließlich aber, weil sie sehr hartnäckig immer wieder zurückkommt, erschlagen, so stelle ich mir auf der höheren Stufe der Natur das Problem Mensch vor. Die Natur warnt, einmal, noch einmal, etliche Male, und wenn selbst der sichtbare und spürbare Klimawandel noch immer nicht ausreicht, dann schickt uns die Evolution ein noch viel brutaleres Virus. Das Ergebnis können wir uns doch vorstellen, oder?

Wenn uns das klar ist und wir trotzdem einfach nur darauf warten, dass es so kommt; wenn wir uns machtlos fühlen und schulterzuckend denken: „Da kann man halt nichts machen", dann sollten wir unseren Kindern und

Enkeln offen ins Gesicht sagen, dass es uns egal ist, wie jämmerlich sie krepieren werden.

Klagelied in Grün

Ich, Komma, meine Welt – ich, meine Welt,
man kann hier das Komma auch streichen,
dann ist das *meine* ein Verb,
und das Pronomen muss weichen;
das Konjugieren klingt derb.

Ich meine Welt,
du meinst Geld, er, sie, es meint:
Die Sonne scheint;

wir meinen –
nein, das geht ja nicht,
wir haben doch jeder 'ne andre Sicht.

Ich meine: Welt, die man die Umwelt nennt,
wo man nur gegen Wände rennt,
wenn man bemüht ist zu gestalten,
um diese Erde uns zu erhalten.

Du meinst: Das kümmert dich nicht viel,
du kennst bei allem und immer dein Ziel:
Geld vermehren, Geld bringt Zinsen,
und wenn du zählst, sieht man dich grinsen.
Ich meine: Meine Welt – nicht minder –
ist auch die Welt für unsre Kinder.

„Bin ich denn blöd?"

- ich bin blöd
- du bist blöd
- er, sie, es ist blöd
- wir sind blöd
- ihr seid blöd
- sie sind blöd

Sag ehrlich, wir sind doch alle blöd!
Die einen sind blöd, weil sie blöd handeln
und unsren Planeten in Chaos verwandeln;

und andre sind blöd, weil sie blöd lachen;
sie sind überzeugt, da kann man nichts machen;
noch andre, die all dies wohl ganz genau wissen,
lassen selbst kleinste Aktivitäten vermissen;

und die vereinzelten Umkehrkämpfer
kriegen bei jedem Schritt einen Dämpfer;
ihr Optimismus wird da nicht erhöht,
und so mancher gibt auf – und er fragt:

„Bin ich denn blöd?"

Ja, man macht sich so seine Gedanken, woran kann es
denn liegen, dass die Menschen nicht ausreichend reagieren, obwohl sie wissen, dass ihr Verhalten die Lebensgrundlagen auf *unserem* Planeten zerstört, dass nach-
kommende Generationen nur noch geringfügige Lebens-
chancen haben werden.

Daher der Name

Man macht sich so seine Gedanken,
und man grübelt und denkt,
und mancher durchbricht seine Schranken,
und plötzlich wird ihm Gewissheit geschenkt.

Auch ich weiß es jetzt endlich ganz genau,
und bestätigen kann das auch meine Frau:
Ein Gläschen in Ehren
kann niemand verwehren.

Ein Gläschen vom Besten,
das gibt's nur bei Festen.
Ob es nun Bier ist, Schnaps oder Wein,
beim Schotten muss es der Whisky sein,

Franzosen sind durch Champagner bekannt,
und auch der Kognak sei hier genannt.
Und fährst du mal woandershin,
dann gibt es Ouzo, Wodka und Gin.

Der Mensch fühlt sich erst richtig wohl
mit einem Gläschen Alkohol.
Seit Satelliten in Orbit gehn,
kann man es auch von oben sehn.

Zur Orientierung wissen Raketen:
Man nennt diese Erde den blauen Planeten.

Es gibt ja schon, besonders unter den jungen Menschen, sehr viele, die sich Gedanken machen und die auch mithelfen wollen, die Probleme zu lösen. Dabei steht an einer der vordersten Stellen, den Fleischkonsum zu reduzieren. Vegetarier und Veganer gibt es. Leider fallen viele von ihnen nach zunächst strenger Durchsetzung ihres Vorhabens zurück in alte Gewohnheiten. Daraus kann man erkennen, dass es keinen Hauptschalter gibt, mit dem wir schlagartig auf die richtige Spur kommen. Bei aller Dringlichkeit müssen wir doch behutsam bei der Systemumstellung vorgehen. Aber Hochachtung vor dem Bemühen dieser Menschen, die mit ihrem kleinen Anteil auch etwas im Sinne des neuen Denkens bewirken. Dazu passt folgendes Gedicht:

Eine gute Medizin

Sicher sind's alleine nicht
nur die Schmerzen, wenn die Gicht
dich grausam unaufhörlich plagt
und der Doktor zu dir sagt:

Rauchen, Alkohol, ja und
zu viel Fleisch ist nicht gesund.
Also lebst du exemplarisch
ab sofort nur vegetarisch.

Weißt du noch, wie alle lachten,
sagten sie, wir würden schmachten,
wenn wir keine Tiere schlachten?

Doch gibt's bei uns in unsrer Küche
recht appetitliche Gerüche
und hin und wieder Widersprüche.

Zum Beispiel gibt es heute Braten,
und der ist exzellent geraten
aus extrafetten Fleischtomaten.

Auch in der Partei der Grünen sind nur Menschen; Menschen, die auch Fehler machen dürfen, von denen wir aber erwarten, dass sie die Fehlerquote so niedrig wie möglich halten. Die Presse der anderen Parteien sollte aber bei der Berichterstattung nicht übertreiben und so tun, als ob es sich bei jeder Kleinigkeit um einen Kardinalfehler handelt und als ob sie selbst fehlerfrei wären. Die Grünen werden keine, wie es in der Gegenpropaganda heißt, Verbotspartei sein. Selbstverständlich wird es aber immer – wie auch bisher – in einzelnen Bereichen Verbote geben, geben müssen, denn wenn wir Verbesserungen wollen, dann müssen wir die Negativbereiche eindämmen. Dass das Ganze viel Geld kosten wird, das hat sich inzwischen herumgesprochen; woher das Geld kommen soll, aber noch nicht. Die Politiker sagen immer, sie müssten *die Wähler mitnehmen*. Fest steht, Veränderungen zum Klimaerhalt sind zunächst einmal unpopulär. Wenn sie aber langfristig erfolgversprechend sind, wird man sie leichter akzeptieren.

Zum ganzen Klimaproblem habe ich einen Vorschlag: Ein wirklich geniales Element in der Schöpfung ist die Vielzahl der Arten, und es ist staunenswert, dass es darüber hinaus innerhalb jeder einzelnen Art, selbst bei Zwillingen, keine hundertprozentige Übereinstimmung gibt. So sind auch die Menschen sehr unterschiedlich. Und auch wenn wir sie in einzelne Gruppen zusammenfassen, ist in so einer Gruppe nicht einer wie der andere. Wir müssen das akzeptieren, nein – noch besser ist: Wir wollen das akzeptieren.

Für meinen Vorschlag, die Bürger in die enorme Aufgabe des Klimaschutzes einzubeziehen und einen Teil der notwendigen finanziellen Mittel dafür zusammenzutragen, gliedere ich die Bundesbürger in drei Gruppen. Wir lassen in der ersten Gruppe den Bürgern, die keine Kinder und oder auch keine Enkel haben, die Möglichkeit – ohne Vorwürfe, ohne Neid –, sich auf Kosten der nächsten Generationen ein aus unserer Sicht unverschämtes, übermäßiges Wohlsein zu nehmen. Auch die zweite Gruppe, nämlich diejenigen, die zwar Kinder und/oder Enkel haben, die aber davon überzeugt sind, dass jede Generation für sich selbst verantwortlich ist, akzeptieren wir ohne Vorhaltungen und ohne Neid, auch wenn es schwer einsehbar ist, dass sie keine Eigenverantwortung für Klimaschutz empfindet. Alle anderen aber, also die dritte Gruppe, und diese Gruppe ist mit Sicherheit die größte, sollten jetzt zusammenhalten und gestalten.

Jeder und jede, der oder die sich der dritten Gruppe zugehörig fühlen und ein Zeichen setzen will, dass er oder sie am Erhalt unseres Planeten interessiert ist, sollte einen kleinen – wenn möglich auch einen sehr großen – Betrag auf dafür eingerichtete Konten einzahlen. Natürlich wird nicht verboten, dass sich auch Bürger aus den Gruppen eins und zwei an Einzahlungen beteiligen. Der Kontostand sollte täglich zum Beispiel in den Nachrichtensendungen bekanntgegeben werden, um das Interesse wachzuhalten. Auch wäre, ähnlich wie bei den *Sternstunden* in der Vorweihnachtszeit, eine einmalige oder serienmäßige Fernsehsendung mit Spendenaufforderung denkbar. Geeignete Moderatoren gibt es ja etliche, oder es zeigt sich ganz spontan ein neues Genie. Für eine so spezielle Sendung gibt es sicher allerhand Fachleute.

In meine Überlegung kommt anlässlich der Flutkatastrophe das praktische Beispiel der Benefizsendung, die am Montag, den 26. Juli 2021 in der ARD ausgestrahlt wurde und bei der mehr als 16 Millionen Euro gespendet wurden. Wenn die Schreckensbilder der zukünftigen Katastrophen bereits heute vermittelt werden könnten, dann würde die Bereitschaft wachsen, sich um den Erhalt des Planeten zu bemühen.

Der *kleine* Betrag, wie ich schrieb, könnten fünf Euro sein. Auch wäre ein Angebot sinnvoll, die fünf Euro alternativ als Dauerauftrag zu spenden. Es soll ja keine neue Steuer sein, sondern ein zielgerichteter, persönlicher Einsatz. Dieser Beitrag soll ein Gemeinschaftsgefühl, eine Zusammengehörigkeit, ein Bekenntnis zur Einzelverantwortung initiieren. Wenn die Bewegung Fridays for Future hier einen Start vorlegen würde, dann wäre diesem Gedanken eine große Zukunft möglich. Aufpassen muss man dabei, dass sich der Einzelne nicht mit seinen fünf Euro so fühlt, als hätte er sich freigekauft und bräuchte darüber hinaus nichts mehr tun.

Diese *Sammlung* würde zwar nur ca. 0,2 bis ggf. eine Milliarde Euro zusammenkommen lassen, also bei weitem nicht genug für die große Aufgabe. Sie würde aber ein Problembewusstsein und ein Wirgefühl erzeugen, das uns weiterhilft.

Für die Fernsehsendung könnte ich mir vorstellen, dass der inzwischen bekannte Arzt, Kabarettist und Moderator Dr. Eckart von Hirschhausen den Start legt, weil es dafür einen *Künstler* braucht, der von der Notwendigkeit eines solchen Vorhabens überzeugt ist, der so eine Aufgabe mit Herzblut ausfüllt. Bestens geeignet für die Behandlung unseres kranken Planeten ist ein Arzt, der gewohnt ist, Diagnosen zu stellen und dann die entsprechenden Therapien zu empfehlen. Selbstverständlich braucht ein solcher *Planetenarzt* eine ganze Mannschaft hinter sich, die ihm beim Konzept für die Diagnose und die dann folgenden Therapien hilft. Die Kombination aus wissenschaftlicher Erkenntnis und humorvollem Verständlichmachen der Notwendigkeit in der Bevölkerung kann hilfreich sein. Ich sehe aber auch etliche andere Moderatoren, die bei dieser wichtigen Aufgabe wetteifern könnten.

Waffen passen in kein Planetenerhaltungsprogramm. Es ist klar, dass sich eine grüne Regierung an geschlossene Verträge halten muss, sie sollte aber von Anfang an ihr Ziel des nach allen Seiten friedlichen Zusammenlebens propagieren.

Alles Utopie?

Auch das Fliegen war für die Menschen ursprünglich Utopie; oder das Internet, wer hätte sich in den achtziger Jahren vorstellen können, was heute möglich ist? Dann der Atomausstieg, der Kohleausstieg, wenn auch nur zögerlich, aber immerhin, es sind gewaltige Anstrengungen nötig gewesen, aber wir sind weitergekommen.

In einem Bericht über Google habe ich den passenden Spruch von Prof. Urs Hölzle gelesen: „Der größte Widerstand ist oft der Glaube, dass etwas nicht geht." Ich wünsche den Verantwortlichen den festen Glauben, dass es geht. Mit so einer Überzeugung und einem festen Ziel vor Augen kann man viel mehr Engagement zeigen.

Die Augsburger Allgemeine Zeitung vom 12. Juli 2021 beginnt die Themenwoche *Zukunft & Innovation*. Dabei wird es in der Hauptsache um technische Neuerungen gehen, um die Energie der Zukunft, um neue Produktionsverfahren, sicher auch um klimaneutrale Produktion von Artikeln, vielleicht um neue Verkehrstechnik usw. Was ich vermutlich nicht finden werde, sind Vorschläge, wie wir aus unserer Philosophie des *Mehr* herauskommen können; und was sicher auch zu kurz kommen wird, ist eine Innovation im menschlichen Umgang miteinander. Dieses Miteinander brauchen wir unbedingt in der Politik, und dazu …

... noch so eine utopische Idee von mir

Der amerikanische Präsident Biden hat sich mit seinem Amtskollegen, dem russischen Präsidenten Putin, in Genf getroffen. Es hieß, beide hätten sich gut verstanden – das erinnerte mich an Reagan, später dann George Bush senior, und Gorbatschow. Präsident Biden plane sein Verhältnis zu Russland zu verbessern, weil er sich so gegen China stärken könne. Jetzt kommt Deutschland ins Spiel. Meine Idee: In geheimer Mission bereitet die Diplomatie eine Lösung vor, geheim deshalb, weil die östlichen EU-Staaten erst darauf vorbereitet werden müssen. Deutschland bietet den Amerikanern an, aus der Nato auszutreten, damit Putin erkennt, dass der Westen nicht gegen Russland aufrüstet. Jetzt hat Deutschland eine neue Chance, mit Russland und den Staaten der damaligen Sowjetunion die überfällige Versöhnung nach dem Zweiten Weltkrieg endlich zu realisieren. Russland und Amerika erkennen dann auch wieder mehr und mehr, dass das friedliche Nebeneinander, das Sich-gegenseitig-Achten erfolgreicher und auf jeden Fall billiger ist als die vorher übliche gegenseitige Bedrohung mit auf Einsatz lauernden, immer präziseren Waffen.

Vor ziemlich genau fünfzig Jahren waren die Großmächte Russland und USA schon einmal so weit. Leider haben die guten Aussichten auf friedliche Lösungen dann mit dem Ende der Amtszeit von Nixon, wegen der Watergate-Affäre, ein jähes Ende gefunden. In privaten Aufzeichnungen beschrieb US-Präsident Nixon seine Beziehung zum russischen Generalsekretär der KPdSU so:

„Es ist essentiell, dass unsere zwei Länder wo immer möglich zusammenarbeiten, und der Schlüssel dazu ist die Beziehung zwischen Breschnew und mir. Wenn wir zusammenarbeiten, können wir die Welt verändern."

Ich denke, die Aussage „wenn Amerika und Russland zusammenarbeiten, können sie die Welt verändern" gilt heute noch genauso wie damals. Natürlich müssen das amerikanische Volk und die an Russland angrenzenden Staaten auch davon überzeugt werden, und das scheint nicht einfach zu sein. Wenn wir aber die notwendigen Fortschritte bei der Zusammenarbeit machen wollen, dann ist es die Mühe wert.

Es muss doch erlaubt sein, dass man über ein Ende der Nato nachdenkt, zumindest für uns, die Deutschen; über einen Ausstieg, damit wir endlich Europa vereinen können. Solange wir keinen Frieden mit Russland haben und solange wir Waffen exportieren, brauchen wir uns nicht um den Frieden in der Welt bemühen, weil wir unglaubwürdig sind. Die Chance der Wende nach dem Kalten Krieg haben wir alle nicht genutzt, weil die Rüstungskonzerne auf beiden Seiten nicht auf ihre Gewinnzuwächse verzichten wollten. Die Zerstörungskraft ihrer Waffen lässt ihre Augen strahlen; sie sind davon überzeugt, dass es sinnlos ist, von einer funktionierenden Welt ohne Waffen zu träumen. Die Zerstörung unseres Planeten war und ist ihnen scheinbar egal. Diese Bemerkung fällt in die Rubrik Gedankenfreiheit. Dazu ein älteres Gedicht von mir:

Der Chef

Er hat es im Leben zu etwas gebracht,
man verlieh ihm sogar einen Orden.
Oft hat er die anderen ausgelacht,
so ist aus ihm etwas geworden.

Jetzt drückte man ihm die Augen zu;
er war auf dem Weg nach oben,
er freute sich auf die himmlische Ruh,
der Petrus, der würde ihn loben.

Doch Petrus, der sagt zu ihm nur ein Wort,
er sagte: „NEIN", und er schickte ihn fort;
da war er erstmals betroffen.
„Ich war doch mein Leben der Kirche treu,

ich hab nicht gehurt, nicht gesoffen,
ich habe nur reinen Tabak geraucht,
und auch mein Gewissen ist noch wie neu,
ich schwöre, ich hab es nicht einmal gebraucht."

Und unten auf Erden, nach drei Tagen,
da hat man den Körper zu Grabe getragen.
Seriöse Ansprachen und Blabla,
ja, recht viel Prominenz war da;

und nach dem großen Leichenschmaus
ging mancher nachdenklich nach Haus.

Die Rüstungsfachleute und viele Politiker hängen m. E. noch immer an der vormals funktionierenden Idee, dass Waffen, ggf. sogar Kriege, auf jeden Fall aber Abschreckung mit immer größeren Waffenarsenalen uns Sicherheit garantieren könnten. Bei den derzeitigen ABC-Waffen ist das aber ein Irrglaube. Denn wenn wir in naher Zukunft mit dem Klimawandel schon ganze Landstriche dem Meer übergeben müssen, dann können wir nicht die verbleibende Welt mit Umweltgiften unbewohnbar machen, dann dürfen wir nicht bei der größer werdenden Wohnraumnot ganze Städte dem Erdboden gleichmachen. Es wäre doch effektiver, die immensen Finanzmittel, noch wichtiger aber die unsinnig verbrauchten Rohstoffe sinnvoller einzusetzen.

Denken wir doch einmal neutral darüber nach, welche Möglichkeiten wir haben, den Klimawandel zu begrenzen. Es ist offensichtlich, dass Waffen und die *dazugehörenden* Kriege unsere Bemühungen konterkarieren. Den Grünen wirft man vor, sie wüssten nicht, wie sie das Klimaproblem finanzieren wollen; die Rüstungsausgaben sollen aber auf Wunsch der USA weiter erhöht werden, und wir sind nicht so autark, dass wir da Nein sagen.

Wir sollten nur so viele Streitkräfte unterhalten, wie wir für unser Land brauchen – ohne Auslandseinsätze; denn wenn wir aufhören, anderen Staaten die Demokratie aufzwingen zu wollen, dann bewegen wir uns im Rahmen der Polarität. Das Gleiche gilt ja auch für die Massentierhaltung. Wenn wir nur so viel Fleisch und Milch erzeugen, wie wir für unser Land brauchen, dann gibt es keine Schlagzeilen über chaotische Zustände in den Großbetrieben und Schlachthöfen; dann gibt es keine Angst vor einer bevorstehenden Trinkwasserverseuchung wegen der Unmengen Gülle, die wir auf unseren Feldern versprühen.

Es wird klar, Rüstung muss verringert werden, zunächst bei uns, später nach dem gleichen Prinzip unbedingt weltweit. Wir müssen – ganz ähnlich wie beim Kohleausstieg – den Unternehmern und den Beschäftigten in der Rüstungsindustrie attraktive Alternativarbeitsplätze und Ersatzeinkünfte anbieten. Wenngleich die Rüstungsindustrie m. E. durchaus dazu in der Lage ist, die finanziellen Mittel hierfür bereitzustellen, kommen wir wohl nicht umhin, mit staatlicher Unterstützung nachzuhelfen, wie es in unserem System üblich ist. Für die industrielle Umstellung gibt es auf dem Sektor des Recyclings viele herausfordernde Aufgaben.

Nach dem ersten Schritt, der Versöhnung mit Russland, gilt es nach dem gleichen Muster mit den verbleibenden Staaten, letztlich auch mit China, zu verfahren. Bei jedem Versuch ist aber Voraussetzung für einen Erfolg, dass sich die Verhandlungspartner von Anfang an gleichwertig begegnen. Auch bei Diktaturen ist die Anerkennung der Leistung eine Voraussetzung für einen Verhandlungserfolg. Wir können in diesem Zusammenhang ruhig zugeben, dass wir eine Demokratie für die bessere Staatsführung halten, wir können aber auch zugeben, dass Demokratie ihre eigenen Nachteile mit sich bringt, etwa wenn sie zur Übertreibung von Freiheit führt oder wenn die Abwägung von Pro und Kontra ihre Entscheidungsprozesse verlangsamt.

Die Nichteinmischung von außen ist eine Voraussetzung
für den Erfolg. Ich denke dabei speziell an die ehemalige
DDR. Auch ein unterdrücktes Volk hat die Möglichkeit –
sicher nur mit außergewöhnlichem Einsatz und mit brutalen Verlusten –, sich aus einer Diktatur zu befreien. Die
Beweise hierfür sind doch x-fach gegeben. Jede Einmi-
schung von außen hat Kriege verlängert, Zerstörungen
vervielfacht und zu mehr Toten geführt. Wenn man also
bereits zu Beginn von Friedensverhandlungen auf Einmi-
schung und *Erziehung* verzichtet – ich bin mir da ganz
sicher –, dann wird am Ende auch Erfolg beschieden sein.
Nicht fremde Staaten, sondern das eigene Volk soll über
seinen Machthaber bestimmen. Das Volk muss ihn anerkennen oder ablehnen.

Utopie, eine Vision und dann doch Realität?

Wir sollten ernsthaft über den folgenden Vorschlag nachdenken. Unsere Emotionen zu Gut und Böse sind naturgegeben. Wir haben aber genauso naturgegeben einen Verstand, der sachliches, logisches Denken fordert. Das Naturgesetz der Polarität funktioniert nach dem Prinzip der Logik. Wir können also sagen: Nach unserem Verständnis Negatives, zum Beispiel in Diktaturen, ist Teil der Polarität. Wir dürfen diese Zustände bzw. Vorgehensweisen also akzeptieren. Um die Polarität auch in diesen Bereichen im Gleichgewicht zu halten, müssen wir bei uns dasjenige stärken, das dem entgegenspricht; also das, was wir für richtig halten. Eine ungebetene und zu Dissonanzen führende Kritik, im vorliegenden Beispiel das Einmischen in die inneren Angelegenheiten dieser Staaten, ist also nicht hilfreich. Am Beispiel des Mauerfalls zwischen BRD und DDR können wir sehen, dass ein Volk letztendlich selbst entscheiden kann, wann (endlich) eine Änderung möglich ist. Das Element Begrenzung in der Polarität ist Sache des jeweiligen Landes.

In der Einleitung zur Themenwoche *Zukunft & Innovation* der Augsburger Allgemeinen zitiert der Chefredakteur Dr. Gregor Peter Schmitz den auch von mir schon zitierten Albert Einstein: „Eine wirklich gute Idee erkennt man daran, dass ihre Verwirklichung von vornherein ausgeschlossen erscheint." Eine Versöhnung zwischen Amerika und Russland scheint ebenfalls von vornherein ausgeschlossen zu sein; ich halte mich da aber lieber an die Aussage unseres Genies Albert Einstein.

Wie könnte eine Versöhnung möglich werden? Nein, nicht Vater und Sohn sollen sich versöhnen, in unserem

Beispiel passt hier besser: eine Verbrüderung zwischen den beiden Staatschefs Putin und Biden. In einem Vieraugengespräch könnte Biden sagen:

„Mein lieber Wladimir, ich denke viel darüber nach, ob wir beide anstatt gegeneinander nicht viel besser miteinander arbeiten könnten. Wir haben doch beide die gleiche Verantwortung und die gleichen Probleme, nämlich ein Volk, das nur zum Teil hinter uns steht und bei dem ein erheblicher Teil uns nicht nur kritisiert, sondern unsere Arbeit behindert.

Wenn wir Frieden auf der Welt wollen, dann müssen wir diese unterschiedlichen Teile in unserer Bevölkerung zusammenbringen. Ich sehe das Problem an erster Stelle in der Armut weiter Teile der Bevölkerung. Wir sollten also alles daransetzen, einen besseren Lebensstandard für diesen Teil der Bevölkerung zu erreichen.

Wenn wir uns immer nur gegenseitig Vorwürfe machen, wenn wir uns wie trotzköpfige Kinder verhalten, die sich gegenseitig ihre Spielzeuge wegnehmen, dann können wir doch nicht stolz auf uns sein. Unsere Sanktionen gegen euch treffen doch nicht dich und deine Führungsmannschaft, sondern die Bürger deines Landes, und ich denke, das ist wirklich ungerecht.

Mir kam der Gedanke, dass ich an deiner Stelle ziemlich sicher genauso handeln würde wie du. Wenn ich ehrlich bin, muss ich zugeben, dass wir dich mit der Erweiterung der Nato ja geradezu gezwungen haben, so zu handeln; und dann protzen wir damit, dass wir dich mit Sanktionen bestrafen.

Was erwartest du von uns, das wir tun sollen, um das Vertrauen unter uns wiederherzustellen? Ich denke, die Nato ist für euch das größte Problem. Ich habe mit der deutschen Regierung bereits Gespräche geführt. Deutschland wäre bereit, aus der Nato auszutreten, weil es ein nachvollziehbares Interesse hat, endlich eine umfassende Versöhnung mit den Völkern des Ostens zu gestalten; auch weil die Deutschen nach wie vor von einem vereinten Europa träumen, und da muss Russland ja dabei sein.

Mein lieber Wladimir, ich bin überzeugt, du weißt genauso wie ich, dass wir nicht weiterkommen, wenn einer von uns der Stärkere sein will, sondern dass wir Erfolg haben werden, wenn wir uns gegenseitig anerkennen und die Leistung, die jeder von uns erbringt, gegenseitig achten. Wenn wir zu diesem Umdenken in der Lage sind, dann können wir sehr viel Geld, das wir bisher in die Rüstung und in die Stimmungsmache gegeneinander gesteckt haben, dafür verwenden, den Lebensstandard unserer Bevölkerung erheblich zu verbessern. Unsere gemeinsame Verteidigungskraft reicht aus, um uns, wenn es denn nötig sein sollte, gegen China zu wehren."

Könnte Putin bei einem solchen Angebot Njet sagen? Ich kann mir vorstellen, dass er selbst auch schon ähnliche Gedanken hatte. Es muss einer ernsthaft den ersten Schritt machen, und so ein Plan muss zunächst im kleinsten Kreis in allen Details vorbereitet werden. Ich denke aber, es ist eine Möglichkeit, die bisher schlummert und auf ihre Verwirklichung wartet.

Wenn es in der Politik einen Wandel vom Gegeneinander zum Miteinander geben wird, dann erleben wir, was folgender Schlagertext mitteilt: „Wir werden frei sein, wenn wir uns lieben, es wird vorbei sein mit allen Kriegen ... weil wir alle Kinder der gleichen Mutter sind ... und die Liebe gewinnt."

Alles ist ein mühevoller Weg; auch die notwendigen Veränderungen bei uns. Eine grüne Regierung, die bei allen Vorhaben auf Koalitionspartner Rücksicht nehmen muss, kann nur wenige der erforderlichen Veränderungen durchsetzen und wird am Ende deswegen kritisiert und ggf. auch wieder abgewählt. Wie wäre es, wenn die treuen Wähler und Wählerinnen der anderen Parteien einmal das Experiment wagten und ihre Stimme bei den Grünen abgäben? So wäre eine absolute Mehrheit möglich und das Regieren könnte erfolgreicher sein. Sollte im Laufe der Legislaturperiode der Eindruck entstehen, dass irgendwo etwas nicht *optimal* läuft, dann können wir froh sein, dass wir nicht in einer Diktatur leben, sondern in einer Demokratie, in der es Elemente zur Gegensteuerung gibt. Dass das keine Utopie sein muss, wurde doch bei der Landtagswahl in Sachsen-Anhalt durch Wählerverschiebung bewiesen.

Opas Geburtstag am 19.03.2022

Werde ich den noch erleben? Wenn ja, welche Frage kann ich mir da von ihm vorstellen? „Reiner, was sagst du zu dem Wahlergebnis?" Waren die Wahlergebnisse so, dass wir zügig eine neue Regierung bekommen haben? Spüren wir schon Rückenwind? Wie ist die Stimmung im Lande, ist die Bevölkerung bereit, mitzuarbeiten bei dem Problem Erderwärmung?

Wie weit sind wir auf dem Weg von der Pyramide zum Globus? Sie erinnern sich? Dass wir die Probleme dieser Welt nicht mit derselben Denkweise lösen können, mit der wir sie verursacht haben, dass wir also ein anderes Denken finden müssen, das hat uns Albert Einstein gesagt. Ich habe unser jetziges Denken und Handeln, unser ganzes Leben als aus der Hierarchie kommend, als ein Leben in einer Pyramide beschrieben, wo jeder die Aufgabe und die Verpflichtung für sich sieht, manchmal auch mit Ellenbogen und ohne Rücksicht auf Verluste, nach oben in die Spitze zu kommen.

Unser zukünftiges Denken und Handeln, wie ich es mir vorstelle, habe ich mit dem Leben auf diesem Globus verglichen. Es sollte nicht nach dem Motto der Hierarchie laufen, wo jeder in die Spitze drängt und neben sich keinen Platz akzeptiert, sondern nach dem Prinzip der Harmonie, bei dem es generell zwei gleichwertige Pole gibt, wobei der eine Pol den anderen als gleichwertig und notwendig anerkennt. Ich meine, der grundlegende Fehler in unserem derzeitigen Verhalten ist der, dass wir uns nicht aus der Pyramide in den Globus bewegen. Der Globus ist unser Zuhause, der Globus ist kosmosgerecht,

eine Pyramide kann sich im Kosmos nicht bewegen, sie
wird als Weltraumschrott untergehen.

Wenn wir alle einmal verinnerlicht haben, dass unser Gegenüber uns gleichwertig ist, dann brauchen wir keine
Kriege mehr, bei dem der Schwächere schwächer und der
Stärkere stärker wird. Und wenn wir keine Kriege mehr
führen, dann haben wir weniger Rüstung und auch genug Rohstoffe, um den Hunger in der Welt auszumerzen.

Abwarten und Tee trinken. Wir werden sehen. Auf jeden
Fall sind wir bereit.

Aus dem Paradies vertrieben?
Ein Artikel vom 4. März 2019

Wir leben in relativem Wohlstand, jedenfalls sehr viele von uns, aber es ist doch nicht das Paradies, oder? In dem bis heute hilfreichen Geschichts- und Lehrbuch namens Bibel wird uns doch berichtet, dass wir nach dem *Sündenfall* aus dem Paradies vertrieben worden sind. Ja, wurden wir wirklich aus dem Paradies vertrieben?

Schlaue Sprüche hochstehender, anerkannter Persönlichkeiten verschwinden meist völlig nach einem grenzüberschreitenden Aufflackern, aber manchmal findet man sie später in irgendwelchen Archiven oder auch in einer Zitatensammlung.

Auf das Zitat von Albert Einstein, der laut dem Bertelsmann Universalllexikon „durch seine Relativitätstheorie sowie Beiträge zur Quantenphysik die Grundlagen für eine neue Physik legte und als einer der bedeutendsten Wissenschaftler des 20. Jahrhunderts gilt", das ich sechzig Jahre nach seinem Tod fand, habe ich bereits zu Beginn hingewiesen. Es ist der Anstoß und die Grundlage für meine Gedanken in diesem Buch.

„Wir können die Probleme dieser Welt nicht mit derselben Denkweise lösen, mit der wir sie verursacht haben."

Mit diesem Satz hat uns Albert Einstein klarmachen wollen, dass wir umdenken müssen und nicht im Weiterso verharren dürfen; dass wir einen Weg finden müssen, auf dem weitere Generationen in Frieden miteinander leben können, ohne den Globus zu zerstören. Es war ein Denkanstoß, aber noch nicht die Formel dazu. Er hat es uns überlassen, nach ihr zu suchen und sie zu finden, allerorts; und das ist gut so. Besonders bei der Jugend wird inzwischen erkannt, dass es allerhöchste Zeit wird, „die Probleme, die wir selbst verursacht haben", zu lösen. Ich glaube, dass ich die Formel zu Einsteins Aussage gefunden habe, und dieser Artikel ist das vorläufige Ergebnis meiner dazu gefassten Gedanken.

Was ist nun diese andere Denkweise? Es geht um den Wechsel von unserem System der Hierarchie zu einem System der Harmonie.

Hierarchie ist das Prinzip unserer derzeitigen Aktionsprogramme in allen Belangen und in jedem Vorgehen. An der Spitze steht das Ziel, darunter gibt es mit etlichen Abstufungen immer weitere Ebenen, und je weiter so eine Ebene vom Ziel entfernt ist, umso breiter zeigt sie sich. Bildlich dargestellt ist es eine Pyramide, die durch waagerechte Trennstriche die einzelnen Hierarchiestufen voneinander unterscheidet. Je weiter man in dieser Pyramide aufsteigt, desto größer ist das Einkommen, aber noch wichtiger: desto mehr Ansehen und Achtung genießt der Einzelne und desto mehr Macht hat er.

Ein weiteres Beispiel aus unserem Hierarchiesystem ist der Sport: Auch hier gibt es wieder Gold, Silber, Bronze und danach alle, die sich genauso abgekämpft haben, aber ohne Medaille nach Hause gehen. In der Familie war es bis vor wenigen Jahren ähnlich: An erster Stelle stand das Familienoberhaupt (der Ernährer), danach die Mutter, erst dann die Kinder. Die Politik ist ebenfalls ein geeignetes Beispiel: Derzeit stehen noch die USA an der Spitze, danach folgen Russland, China, Europa usw. (oder auch eine andere Reihenfolge) bis zur *Dritten Welt*.

Im System Hierarchie kämpft jeder – jede Gruppe, jedes Land, jede Regierung, jede Partei – immer in Richtung des ersten Platzes, in Richtung der obersten Spitze der Pyramide. Die Menschen der einzelnen Hierarchien stehen in Konkurrenz zueinander, in der Wirtschaft genauso wie in der Politik. Diese Konkurrenz ist Antrieb für Wachstum und Fortschritt. Sie ist aber auch Ursache für Arbeitsplatzverlust, Zerstörung, kriminelles Verhalten, Krieg und Klimawandel. Das hat Albert Einstein erkannt.

Unsere ebenfalls nach dem Prinzip Hierarchie funktionierende Demokratie ist trotz ihrer Vorteile, die sie anderen Regierungsformen gegenüber hat, noch nicht eine Lösung, die keiner Verbesserung mehr bedarf. Ich denke, wir würden einen entscheidenden Schritt vorankommen, wenn wir den Wechsel aus der Hierarchie in die Harmonie schafften. Auf den ersten Blick erscheint Harmonie als Grundsatz in unserem System der Hierarchien wie eine Utopie, und doch sollten wir, wenn wir die Notwendigkeit der Aufforderung Einsteins erkennen, darüber nachdenken, wie wir so einen Systemwechsel erreichen können.

Harmonie können wir erreichen, wenn wir bei der Individualität jedes einzelnen Individuums die Gleichwertigkeit aller erkennen und achten. Die Individualität beweist, dass wir nicht alle gleich sind; wir sind aber alle gleichwertig. Das schließt Überheblichkeit, Unterdrückung und Minderwertigkeit aus.

Harmonie können wir im Beweis für die Gleichwertigkeit aller Mitarbeiter einer Firma erkennen: Ein Produkt muss geplant werden, ein Prototyp wird erstellt, es müssen Rohstoffe ausgewählt und herbeigeschafft werden, diese Materialien müssen zeitgerecht transportiert, geformt, zusammengesetzt, lackiert, verpackt werden, das Produkt muss beworben, verkauft und danach betreut, ggf. repariert werden, die Werkshallen und die Büros müssen gereinigt werden usw. usf. Jeder einzelne Mensch in dieser Produktionskette hat den gleichen Wert, und das Zusammenspiel, die Harmonie aller Beteiligten macht das Ergebnis erst möglich. Wenn nur ein Mensch aus dieser Folge fehlt, muss er ersetzt werden, sonst wird es das Produkt nicht geben. Es ist also offensichtlich, dass jeder, egal auf welchem Platz er oder sie steht, den gleichen Wert hat.

Die von Albert Einstein zu Sprache gebrachte *andere Denkweise* zur Lösung der Probleme, die wir selbst verursacht haben, sehe ich darin, dass wir das Naturgesetz der Polarität zurück in unser tägliches Leben holen. Polarität kennt keine Hierarchie, kein Streben zu einem einzigen Ziel. Bei Polarität erkennen wir gleich zu Beginn zwei unterschiedliche, aber gleichwertige Pole, die in Harmonie auf Distanz miteinander verbunden sind. Beide Pole dürfen sehr unterschiedlich sein, aber sie sind gleichwertig. Sie sind abhängig voneinander. Keiner der Pole wird jemals den Versuch starten, den anderen Pol zu unterdrücken, um sich selbst an die Spitze zu stellen; jeder Pol weiß, dass er dadurch die Welt, und damit sich selbst, aus dem Gleichgewicht stürzen würde.

Stellen wir uns doch einmal vor, dass unsere Politiker nach diesem Prinzip verhandeln würden; dann könnte man ohne Vorbedingungen in Verhandlungen gehen, dann würde es kein Belehren, keine Abhängigkeit und keine Unterdrückung durch die Hintertür geben. Wenn sich in der Politik die Erkenntnis durchsetzen würde, dass Erziehung nicht durch Verbote, Strafen und Sanktionen, sondern nur durch Vorbilder erfolgreich ist, dann wären wir der Harmonie doch schon einen ganzen Schritt nähergekommen.

So wie unser Planet mit seinen zwei auf Distanz miteinander verbundenen Polen im Universum unter zig Milliarden anderer Himmelskörper ein Unikat ist, so ist jeder einzelne der fast acht Milliarden Menschen in der Polarität zwischen Gut und Böse, zwischen Geben und Nehmen ein Unikat. Alle Versuche, die Menschen zu uniformieren, zu erziehen, sie so zu machen, wie man sie gerne hätte, müssen scheitern. Jeder Mensch muss sich in Eigenverantwortung selbst entwickeln. Wenn er dabei auf Vorbilder schaut, um ihnen ggf. nachzueifern, dann können wir uns ja bemühen, so ein Vorbild zu sein.

Polarität, gegeben durch die mit den auf Abstand gehaltenen, aber eben doch miteinander verbundenen Polen, ist die Voraussetzung für die Antriebskraft zur Erdumdrehung, für den Kreislauf um die Sonne usw. Polarität ist gewissermaßen die Antriebskraft für jedes Unikat, für den Globus und genauso für jeden einzelnen Menschen.

Wenn Regierungen nun in Harmonie auf Distanz, also in naturgegebener Polarität, Politik machen, wenn also politische *Gegner* die Gleichwertigkeit beider Seiten akzeptieren, dann könnten wir – nach einem mühsamen Lernprozess – ohne Rüstungsspirale, ohne ABC-Waffen, ohne den sinnlosen Verbrauch und die sinnlose Vernichtung von Rohstoffen, ohne das menschliche Leid durch immer weitere Kriege effektiv gemeinsam gegen den Klimawandel agieren und in Frieden auf dieser Welt leben.

Ist das nun ein Hirngespinst, eine Utopie, eine Vision? Helmut Schmidt, ich muss nicht erklären, wer Helmut

Schmidt war, er sagte: „Wer Visionen hat, sollte zum Arzt gehen"; aber hatte er, wie sonst hinlänglich, auch hier recht? Es gibt genug Beispiele – auch in der Politik –, dass aus einer Vision nach fast endlosem Bemühen allmählich Realität wird bzw. wurde. Eine gute, ebenso wie eine schlechte Idee setzt sich durch und findet ihre Anhänger. Nelson Mandela, Martin Luther King, Jesus von Nazareth, Mohammed, die Gleichberechtigung der Frau usw. Genauso hat sich ja auch die Idee des *Immer-mehr-und-noch-mehr* zu Ungunsten, besser gesagt zur Zerstörung unseres Erdballs durchgesetzt.

Der Austausch der Hierarchie gegen ein Prinzip der Harmonie mit den naturgegebenen Gesetzen der Polarität ist derzeit noch Vision. Aber diese Vision ist m. E. die von Albert Einstein empfohlene *andere Denkweise*, mit der wir die Probleme, die wir selbst verursacht haben, lösen können. Eine Möglichkeit für ein friedliches Miteinander können wir hier erkennen, und wir müssen bei der Kindererziehung anfangen. Wir müssen jedem Kind zeigen, das Polarität aus Gut *und* Böse besteht und dass jedes Kind, jeder Mensch gut *und* böse ist; dass Fehler etwas Natürliches und manchmal auch etwas Gutes, etwas Nützliches sind, weil durch sie Verbesserungen möglich werden.

Den Kindern müssen wir vormachen (nur durch Vorbilder, nicht durch Verbote lernen wir), dass Fehler zum Leben gehören, dass wir uns wegen unserer Fehler nicht schämen müssen, dass wir unsere Fehler nicht verheimlichen, nicht vertuschen und nicht auf andere schieben müssen. Wir müssen lernen, in jedem Menschen die Polarität zu erkennen; das heißt: Wenn wir bei jemandem etwas aus unserer Sicht Negatives erkennen, dann müssen wir sofort wissen, es gibt auch die positive Seite in diesem Menschen, auch wenn wir in diesem Moment nichts davon spüren.

Warum gibt es denn überhaupt *das Böse* in der Welt; ist das nicht ein Fehler in der Schöpfung? Meine Antwort: weil wir ohne das Böse das Gute gar nicht wertschätzen könnten und weil es niemals Polarität mit nur einem Pol geben kann.

Wenn wir uns vom System der Hierarchie trennen und uns das naturgegebene System der Polarität, der Harmonie zu eigen machen, dann schlagen wir gleich mehrere Fliegen mit einer Klappe. Polarität zeigt uns, dass wir miteinander verbunden sind und bei unterschiedlichen Denkweisen Distanz wahren können; dass wir nicht mit Waffengewalt unseren Gegenpol zerstören müssen. Polarität kennt und zeigt uns beispielsweise deutlich die grundsätzlich notwendige Begrenzung. Wie ist es denn, wenn wir den Pol erreicht haben – jeder weitere Schritt führt uns wieder weg vom Ziel.

Diese Überlegungen führen uns zum Titel meines Artikels. Die Geschichte von der *Vertreibung aus dem Paradies* mit dem Beispiel des Baumes mit den verbotenen Früchten erklärt uns, dass wir eine uns genannte und damit bekannte Grenze eben nicht überschreiten dürfen. Wenn wir die Grenzen bei Arm und Reich, bei Massentierhaltung und Gülle im Grundwasser, beim Regenwaldabholzen, bei der Waffenproduktion, beim CO_2-Ausstoß usw. wieder einhalten, in Gedanken, Worten und Taten, dann können wir das Paradies auf Erden wiederbekommen. Mit unserer Gier und dem die Polarität verlassenden *Mehr* haben wir dem Paradies freiwillig den Rücken gekehrt, wir wurden nicht aus dem Paradies vertrieben.

Das Paradies

Wenn ich in den *westlichen Wäldern* spazieren geh
oder wenn ich die Blumen in unserem Garten seh,
wenn der Nachbar im Urlaub und sein Papagei schweigt,
wenn das Wetter sich einmal in Bestlaune zeigt,

wenn der Timo im Garten so am Zaun entlangschleicht,
wenn ich weiß, dass mein Geld für die Pizza noch reicht,
und wenn ich vorübergehend einmal vergesse,
dass alles stets teurer wird, was ich so esse,

wenn mir bewusst wird, dass ich für meine Arbeit belohnt
und dass wir ein Leben lang hier von Kriegen verschont,
dann denk ich nicht viel. Ich denke nur dies:
Wir leben doch wirklich wie im Paradies.

Doch wie bei Adam und Eva kann's nie mehr werden,
dies ist nicht der Himmel, wir sind auf Erden,
und wenn man auch sagt: Es ist alles in Butter;
Adam und Eva, die hatten keine Schwiegermutter.

„Gut, dass wir darüber gesprochen haben, Reiner"

Ich hatte oft den Eindruck, dass der Opa schon wieder gewartet hatte, dass wir endlich miteinander über offene Fragen reden konnten. Gott sei Dank konnten wir die Großeltern im jeweils laufenden Jahr auch zwischendurch besuchen, sodass es nicht nur die Geburtstage am 19. März für diese Unterhaltungen waren. Nur zu gerne würde ich dem Opa bei seinem nächsten Geburtstag mein Buch übergeben, und ich wäre sehr gespannt, welche Fragen dann von ihm kommen würden.

In meinem Buch *blühe deutsches Vaterland* habe ich zum Schluss vorgeschlagen, ein Ministerium für Polarität einzurichten. Die positiven Kommentare dazu lassen mich diesen Vorschlag weiter ausbauen. In diesem Buch schreibe ich: Wir brauchen nicht nur ein Ministerium für Polarität, wir brauchen eine ganze Universität, bei der die Fakultäten den einzelnen Ministerien entsprechen, die sich ausschließlich damit beschäftigen, dass wir das Gesetz der Polarität achten, dass wir Kontrast und Ausgewogenheit, Distanz und Verbindung, Begrenzung und Einbettung, Wiederholung und Zusammengehörigkeit einhalten und Möglichkeiten entwickeln, bei Abweichungen korrigierend einzugreifen. Ich sehe mit der Realisierung meines Vorschlags einen entscheidenden Beitrag zu der an erster Stelle stehenden Aufgabe, unseren Planeten für Mensch und Tier lebensfähig zu erhalten.

Das Wort *Aufgabe* hat zwei Bedeutungen. Wir können kapitulieren und unseren Planeten *aufgeben*, ohne Konzept, fluchtartig wie in Afghanistan, oder wir können die *Aufgabe* anpacken, den Klimawandel zu stoppen, den

Raubbau der Ressourcen zu beenden und die immer präziseren Waffen zu reduzieren bzw. langsam, aber sicher ganz abzuschaffen – jetzt endlich mithilfe der Anleitung, die uns die Natur mit den Richtlinien des Polaritätsgesetzes gegeben hat.

In diesem Sinne wünsche ich allen Leserinnen und Lesern eine gute Zukunft.

Nachwort: Plagiat?

Ich habe keinen Doktortitel zu verlieren. Meine Erfahrung sagt, es geht wunderbar auch ohne Titel. Du musst nur wissen, dass du etwas wert bist.

Ich lese mit Unterbrechung Die Zeit, die Augsburger Allgemeine Zeitung, sehr gerne die Leser*innenbriefe, ab und zu einen Artikel aus den Zeitungen meiner Frau, ich schaue Fernsehen und ich freue mich jedes Mal, wenn Aussagen in meiner Denkrichtung zu lesen sind. Natürlich erweitere ich damit meinen Horizont, das vermute ich jedenfalls; und sicher sind etliche Gedanken aus diesen Quellen auch in meinem Buch zu finden. Es tut mir leid, dass ich nicht den Ursprung eines jeden einzelnen Gedanken belegen kann. Ich danke aber allen, die also auf nicht nachvollziehbare Weise zu diesem Buch beigetragen haben.

Der Inhalt meines Buches soll das, was ich sagen will, in die Köpfe der Menschen bringen. Wenn Sie nun nach der Lektüre mit dem Inhalt einverstanden sind oder wenn Sie meine Gedanken lesenswert finden, dann kaufen sie bitte ein weiteres Exemplar und verschenken es an jemanden, von dem sie glauben, dass er oder sie es auch lesen wird.

Danke!

Neusäß am 13. Oktober 2021
Karl-Reiner Schmidt

Danke

Die technischen Möglichkeiten des „Book on Demand" und des „Selfpublishing" hatten mich motiviert und waren die Voraussetzung für meine ersten Bücher. Meine Begeisterung für diesen Weg hält sich aber in Grenzen.

Für dieses Buch habe ich nun mit zunächst gehöriger Skepsis den Weg über einen etablierten Verlag – den Frieling-Verlag – gewählt. Die mit Distanz gegebene aber doch persönliche Zusammenarbeit, die vielen "Feineinstellungen" in meinem Text, ohne dass meine Gedanken verfälscht oder verwässert wurden, die persönlichen Kurzkommentare zum Inhalt, die gedankliche Einbindung in die Cover-Gestaltung, die jederzeit mögliche Ansprechbarkeit, alles hat mich – ich übertreibe nicht – begeistert und deswegen sage ich:

Danke!

Wie es im Leben halt so geht,
kommt manches Danke ziemlich spät;
und fehl am Platz ist dann auch jede
selbst die gescheiteste Ausrede.

Warum - frag' ich - braucht 's hier Geduld?
Ist da vielleicht der Schöpfer schuld?
Alles hat er gut gemacht,
die Schöpfung ist die wahre Pracht.

Die Blume kann den Stängel dreh'n,
und geradeaus die Sonne seh'n.
Die Biene mit besond'rer Gabe
füllt emsig Honig in die Wabe.

Der Regen sorgt für Erntesegen,
der Wind im Herbst muss Blätter fegen,
die Vögel müssen nicht ermüden
auf ihrem langen Flug gen Süden.

Alles hat er gut gemacht,
nur das Eine nicht bedacht.

Ist ihm vielleicht, und auch, deswegen
der Mensch doch etwas überlegen?
Dir sagt ein Licht im Auto: "Tanken!".
Wo ist das Licht im Hirn fürs Danken? - - -

Die eurostarken Superschlauen,
die lassen sich 'nen Chip einbauen.
Doch wer mich kennt, der weiß genau:
nicht eurostark, nicht superschlau,
so braucht mein Danke - 's tut mir leid –
mal etwas und mal sehr viel Zeit.

Und diesmal bis zum Ende dieses Buches.

Bereits erschienene Bücher des Autors

„Gedichte für jeden Augenblick"
Erschienen: 1996 im Eigenverlag
meine Gedichte zusammengestellt von der Tochter Monika

„ ... wie eine Kuh, die rechnen soll."
142 Seiten, 98 Gedichte
Erschienen: 2003 im Eigenverlag

„So nicht !"
„Alterna-tiven-Tiefen-philosophie"
220 Seiten, 15 Kapitel mit 97 Gedichten
Erschienen: 2013 • ISBN: 978-3-748549-40-6
E-Book ISBN: 3869916842

„update verfügbar – relu.500.95.4
jetzt installieren" (Entwurf)
99 Seiten, 9 Kapitel mit 14 Gedichten
Erschienen: 2017 im Eigenverlag

„blühe deutsches Vaterland"
Polarität als Weg
209 Seiten, 9 Kapitel mit 35 Gedichten
Erschienen: 2018 • ISBN: 978-3-748549-11-6

All Days for Future
Der nächste Schritt der Evolution
230 Seiten, 25 Kapitel mit 41 Gedichten
Erschienen: 2020. ISBN: 978-3-752951-56-1